TRAZOS Y ROSTROS DE LA FE
25 destellos de espiritualidad cristiana.
de Harold Segura. 2020, JUANUNO1 Ediciones.

ALL RIGHTS RESERVED. | TODOS LOS DERECHOS RESERVADOS.
Published in the United States by JUANUNO1 Ediciones,
an imprint of the JuanUno1 Publishing House, LLC.
Publicado en los Estados Unidos por JUANUNO1 Ediciones,
un sello editorial de JuanUno1 Publishing House, LLC.
www.juanuno1.com

JUANUNO1 EDICIONES, logos and its open books colophon,
are registered trademarks of JuanUno1 Publishing House, LLC. |
JUANUNO1 EDICIONES, los logotipos y las terminaciones de los
libros, son marcas registradas de JuanUno1 Publishing House, LLC.

Library of Congress Cataloging-in-Publication Data
Name: Segura, Harold, author
Trazos y rostros de la fe: 25 destellos de espiritualidad cristiana /
Harold Segura, Harold Segura.
Published: Miami : JUANUNO1 Ediciones, 2020
Identifiers: LCCN 2020949042
LC record available at https://lccn.loc.gov/2020949042

REL062000 RELIGION / Spirituality
REL012040 RELIGION / Christian Living / Inspirational
REL012120 RELIGION / Christian Living / Spiritual Growth

Hardcover ISBN 978-1-951539-49-8
Paperback ISBN 978-1-951539-50-4
Ebook ISBN 978-1-951539-64-1

Fotografía: Marilu Navarro
Diagramación y Realización Ebook: Ma. Gabriela Centurión
Director de Publicaciones: Hernán Dalbes

First Edition | Primera Edición
Miami, FL. USA.
-Noviembre 2020-

TRAZOS Y ROSTROS DE LA FE

HAROLD SEGURA

TEXTOS E ILUSTRACIONES

JUANUNO1
EDICIONES

Dedicado con gratitud a Manfred Grellert PhD,
amigo, tutor y hermano mayor en la fe, con quien aprendí
que la espiritualidad cristiana
se alimenta de fuentes antiguas, pero se practica en contexto
actuales, sirviendo, amando y
comprometiéndose, como Jesús, con las personas más
vulnerables.
(Romanos 14:17)

Contenido

PRESENTACIÓN

En estos *trazos y rostros* combino dos de mis gustos personales: el dibujo y la historia. Son eso: gustos, porque en ninguno de ellos soy experto. De niño rayaba toda pared que encontraba y cualquier papel que ponían a mi alcance. Lo sigo haciendo (hace poco pinte un árbol de la vida en la pared de la oficina de Marilú, mi esposa). Así crecí, entre lápices de colores, cuadernos de dibujo y el deseo de llegar a ser un dibujante con estilo. No lo logré; de aficionado, no pasé. En la escuela, después en la universidad y en el seminario, me convertí en caricaturista ocasional. Por ahí en mis viejos archivos guardo algunos recuerdos de los dibujos de mis profesores(as) y compañeros(as). También ellos guardan algunos.

¿Y la historia? Bueno, en la escuela y el colegio la historia no fue mi principal afición (pocos asuntos lo fueron, aparte del baloncesto y el dibujo). El interés llegó siendo ya joven, casi adulto, cuando comencé a descubrir los caminos de la fe y sus vericuetos históricos. Primero como católico (lo fui hasta los 18 años) y después como protestante evangélico. En mis años de seminarista aparecieron algunos de los rostros que ahora trazo en este pequeño libro. Mientras atendía las clases de mis profesores(as), dibujaba el rostro de mis compañeros(as) —y atendía mejor cuando dibujaba, ¡créanmelo!—

Desde esos tiempos viene la ocurrente mezcla entre el dibujo y la historia.

Pues bien, ya pasados mis sesenta años, ofrezco estos destellos con interlocutores de la fe que siguen iluminado mi vida espiritual y alentando el seguimiento de Jesús. La lista escogida proviene desde los primeros siglos del cristianismo (padres y madres del desierto antiguo) y llegan hasta bien entrado el siglo XX (Dietrich Bonhoeffer y Monseñor Romero). Incluye rostros definidamente católicos (Teresa de Ávila), otros protestantes y evangélicos (Martín Lutero) y varios que no se podrían asignar a una sola familia confesional dada su universalidad (Francisco de Asís). Los veinticinco, vistos desde mi vocación ecuménica pertenecen a todas las confesiones por igual. Son cristianos y cristianas, así no más, que "dejándolo todo lo siguieron" (Lucas 5:11) y que con ese entusiasta y valiente compromiso nos invitan hoy a que le sigamos también, de acuerdo con lo que nos reclaman los nuevos contextos de hoy.

Se puede leer y se pueden ver[1]. A cada dibujo[2] le acompaña una breve reseña biográfica del personaje, un texto tomado de sus escritos originales, un texto bíblico que se conjuga con las palabras del personaje y, al final, una pregunta de aplicación espiritual. Los escribo como pastor, teólogo y, aún mejor, como simple creyente, que cree en la riqueza que nos ofrece la historia de la espiritualidad y sus grandes personajes.

---

1 Los dibujos están inspirados en el estilo y la obra del artista gráfico Kreg Yingst (Pensacola FL, Estados Unidos), quien talla en madera (técnica: xilografía) figuras de grandes personajes de la fe y otros.

2 Hechos con rotuladores (Faber Castell, Pigma y Kuretake) de tinta china sobre papel artístico para acuarela de 300 gramos. El tamaño original: 12.7 por 17.8 centímetros.

¿Cómo se puede usar este libro? Se puede ver y leer en forma individual o en grupos. Y se puede leer como recurso devocional y como cuaderno de introducción a algunos de los grandes personajes de la fe. Una sugerencia práctica es usarlo como un cuadernillo de diálogos espirituales en pequeños grupos. La cita del personaje, junto con el texto bíblico y la pregunta espiritual, son en particular un recurso que he elaborado para este ejercicio comunitario.

Mis agradecimientos a JuanUno1 Ediciones y a su Director de Publicaciones mi amigo Hernán Dalbes, por animarme a terminar este proyecto e invertir en él parte de mis noches, fines de semana y horas de vuelo dibujando, escribiendo, orando…y orando mientras dibujaba.

Dice J. Amando Robles (sacerdote dominico), mi profesor al que admiro y aprecio, que "la experiencia espiritual auténtica solo puede ser expresada poéticamente, mediante metáforas"[3]. Y así interpreto estos "garabatos" y textos: como una expresión metafórica y por lo tanto parcial e imperfecta del ser espiritual que soy y de la espiritualidad que procuro cultivar cada día.

Harold Segura

San José, Costa Rica. 1ro. de Noviembre de 2020.
(Día de todos los Santos, incluidos los que no están en el santoral)

---

3 José Amando Robles, *La espiritualidad como propuesta*, Barcelona, Centro de Estudio de las Tradiciones de Sabiduría, en: http://cetr.net/es/la_espiritualidad_como_propuesta/

ANTONIO ABAD

Harold Segura C.
2019

Antonio Abad

(251-356)

Dijo Antonio:

"Señor, quiero salvar mi alma, pero los pensamientos no me dejan. ¿Qué hacer en mi aflicción? ¿Cómo me salvaré?"

Semblanza personal:

A Antonio Abad, o Antonio el Grande, se le reconoce como fundador del movimiento eremítico que estaba conformado por personas que, como él, cultivaban su espiritualidad en el desierto. Lo habían decidido así porque querían vivir su fe lejos del agitado mundo de las ciudades de la antigüedad y, sobre todo, distanciados de los centros de poder eclesial. Ante el avance inusitado del cristianismo institucional, aliado al poder imperial y apegado a sus propios intereses, Antonio y un gran número de cristianos y cristianas, decidieron huir. Él fue el primero. Su huida no era evasiva; era una forma consciente de resistencia espiritual y de protesta valiente ante la avalancha de éxitos que ya pregonaba el cristianismo de Roma.

El movimiento iniciado por Antonio se amplió después, más allá de los desiertos, a las montañas de Siria y a los centros de Italia, entre otros lugares. Eremita significó, entonces, no solo quienes vivían en esos lugares particulares, sino, más bien, quienes habían decidido vivir alejados y buscar de esa manera su fe. Antonio optó por una fe sencilla y, de alguna manera, una vida cristiana discreta. Para él fue más importante salvarse a sí mismo (de las tentaciones del poder, la ambición y el desenfreno), antes de esforzarse por salvar a los demás.

Para él, la primera batalla que había que ganar era contra sí mismo. Esto era a lo que llamaba salvación: liberarse de los pensamientos que se oponían a la voluntad del Señor, de sus caprichos egoístas, en resumen, de los demonios de su propio corazón. Por eso se preguntaba "¿Cómo me salvaré?" Antonio encontró esa salvación en el desierto, donde vivió por quince años. Después, empezó una labor pastoral con decenas de discípulos que iban hasta el desierto para buscar orientación y consejo. Así vivió hasta su muerte, cerca del Mar Rojo, con más de cien años de edad, según se cree.

Atanasio (296-373), obispo de Alejandría, escribió *Vida de Antonio*[1], una biografía considerada el documento más importante del movimiento monástico de aquellos siglos. A esta obra se debe acudir para conocer la vida del hombre de "sabiduría divina, lleno de gracia y cortesía", según lo describió Atanasio.

De su cofre de joyas espirituales:

"Un día el santo padre Antonio, mientras estaba sentado en el desierto, fue presa del desaliento y de densa tiniebla de pensamientos. Y decía a Dios: «Oh, Señor, yo quiero salvarme,

---

1 Atanasio, *Vida de Antonio*, Madrid, Ciudad Nueva, 1994.

pero los pensamientos me lo impiden. ¿Qué puedo hacer en la aflicción?» Entonces, asomándome un poco, ve Antonio a otro como él, que está sentado y trabaja, después interrumpe el trabajo, se pone en pie y después se sienta de nuevo y se pone a trenzar cuerdas, y después se levanta de nuevo y ora. Era un ángel del Señor, enviado para corregir a Antonio y darle fuerza. Y oyó al ángel que decía: «Haz así y serás salvo». Al oír aquellas palabras, cobró gran alegría y aliento: así hizo y se salvó"[2].

Enseña la Biblia:

"Riqueza efímera mengua; quien reúne poco a poco prospera. Esperanza aplazada oprime el corazón, deseo realizado es árbol de vida. Quien desprecia un precepto se pierde, el que respeta un mandato queda a salvo. La enseñanza del sabio es fuente de vida, sirve para huir de los lazos de la muerte".
(Proverbios 13:11-14)[3]

Nos preguntamos hoy:

Ante el acrecentado individualismo consumista y una cultura orientada hacia la satisfacción personal. Preguntémonos: ¿de qué (o de quiénes) debemos huir para cultivar una vida más plena, equilibrada y en paz con Dios, con nosotros mismos y con el prójimo?

---

2 Luciana Mortari, *Vida y dichos de los padres del desierto*, (Volumen I), Bilbao: Desclée De Brouwer, 1996, pp. 83-84.
3 Todas las citas bíblicas son tomadas de *La Palabra*, (versión española) Madrid, Sociedad Bíblica de España, 2010.

Prefiero ser vencido con humildad que vencer con soberbia. La humildad no se irrita ni hace irritar a nadie...

PADRES DEL DESIERTO

Harold Segura C.
2019

Padres y Madres del Desierto

(Siglo III - IV)

Decían los padres y madres del desierto:

"Dijo un anciano: "Prefiero un fracaso soportado con humildad que una victoria obtenida con soberbia"[1].

Semblanza personal:

A Antonio Abad, el primer ermitaño, lo siguieron muchos cristianos y cristianas ávidos de imitar su ejemplo de humildad y serenidad. Antes de terminar el siglo IV, los ermitaños poblaron muchos de los desiertos de Egipto y Siria. Escribieron poco, pero vivieron mucho, con intensidad y pasión evangélicas. De estos padres y madres nos quedan sus dichos e historias, conocidos como Apotegmas[2].

¿Qué los condujo a vivir de esa manera el Evangelio? Quizá el recuerdo de las primeras comunidades cristianas, tal cual se muestran en el Libro de los Hechos de los Apóstoles (Hechos 2:42-47; 4:32-37). También el hecho de que por aquellos años la fe había decaído y muchas personas anhelaban revitalizarla. La vida solitaria en el desierto y las montañas ofrecían una oportunidad de seguimiento radical de Jesús.

---

1 David González Gude (Introducción y traducción), *Apotegmas de los padres del desierto*, Madrid, Biblioteca de Autores Cristianos, 2017, p. 264.

2 Frase breves o cortas sentencias en las que se registran historias o pensamientos con enseñanzas.

A comienzos del siglo IV "Constantino el Grande, junto a Licinio, habían decretado la tolerancia por medio del Edicto de Milán. A partir de ese momento, la iglesia quedó ligada a los beneficios del poder imperial. Los intereses políticos se unieron a los intereses eclesiásticos; las persecuciones cesaron, la fe se instaló en las poltronas del imperio, y los cristianos sucumbieron ante la tentación de la popularidad"[3]. Este contexto podría ser otra de las posibles explicaciones para que los nuevos monjes y monjas encontraran en los desiertos una alternativa de vida cristiana más vibrante y fiel al Evangelio, aunque las razones históricas siguen siendo materia de investigación.

La lista de Padres y Madres es extensa: Antonio, Teodora, Macario, Pacomio, Evagrio Póntico, Simón el Estilita, Sinclética, Agatón, Macrina y muchos más. Los asuntos de su mayor interés eran: la humildad (porque la fe se evidencia en la conducta), la caridad (el cristianismo consiste en vivir como vivió Jesús), la conversión (la fe es un camino de trasformación diario), Satanás y los demonios (porque la realidad del mal se hace más evidente cuando se busca practicar el bien), el silencio (porque necesitamos acallar nuestro ruidos interiores y no tener temor de encontrarnos con nosotros mismos), las Escrituras (fundamento de la fe), la salvación (la eterna, que comienza aquí y ahora) y la misericordia (diferente al legalismo detractor que destruye a los demás).

---

3 Harold Segura, *Más allá de la utopía. Liderazgo de servicio y espiritualidad cristiana* (3ª edición), Buenos Aires, Ediciones Kairós, p. 94.

De su cofre de joyas espirituales:

"Un hermano había pecado y el sacerdote le mandó salir de la iglesia. Se levantó el abad Besarión y salió con él diciendo: «Yo también soy pecador».

El abad Isaac... vio cometer una falta a un hermano y lo juzgó. Vuelto al desierto, vino un ángel del Señor y se puso a la puerta de su celda diciendo: «No te dejaré entrar». El anciano preguntó la causa y el ángel del Señor le contestó: «Dios me ha enviado para que te pregunte: ¿dónde quieres que envíe a este hermano culpable al que has condenado?». Y al punto el abad Isaac se arrepintió y dijo: «He pecado, perdóname». Y el ángel le dijo: «Levántate, Dios te ha perdonado. Pero en adelante no juzgues a nadie antes de que lo haya hecho Dios»"[4].

Enseña la Biblia:

"Ningún discípulo es más que su maestro, aunque un discípulo bien preparado podría igualar a su maestro. ¿Por qué miras la brizna que tiene tu hermano en su ojo y no te fijas en el tronco que tú mismo tienes en el tuyo? ¿Cómo podrás decirle a tu hermano: "¿Hermano, deja que te saque la brizna que tienes en el ojo", cuando no ves el tronco que tienes en el tuyo? ¡Hipócrita, saca primero el tronco de tu ojo, y entonces podrás ver con claridad para sacar la brizna del ojo de tu hermano!".

(Lucas 6: 40-42)

---

4 Pelagio y Juan, *Las sentencias de los Padres del desierto*, Bilbao, Desclée De Brouwer, 1989, pp. 143-144.

Nos preguntamos hoy:

Ante ciertas formas de religiosidad legalista, implacable y crítica hacia los demás. Preguntémonos: ¿cuáles son algunos errores y fallas personales que tratamos de ocultar cuando juzgamos tan implacablemente las fallas y errores de los demás?

Si no logras encontrar a Cristo en el mendigo a las puertas de la iglesia, no podrás verlo en el cáliz.

JUAN CRISÓSTOMO

Harold Segura C.
2019

Juan Crisóstomo

(347 - 407)

Dijo Juan Crisóstomo:

"Si no logras encontrar a Cristo en el mendigo a las puertas de la iglesia, no lo encontrarás en el cáliz".

Semblanza personal:

El apelativo de Crisóstomo proviene de su reconocido talento como gran predicador de los primeros siglos del cristianismo. En griego, ese nombre significa "boca de oro" o "pico de oro" (*jrysostomos*) y fue llamado así poco después de su muerte. Nació en Antioquía (por lo que se le conoce también como Juan de Antioquía). Fue Obispo de Constantinopla y es considerado uno de los grandes padres de la Iglesia junto con Agustín de Hipona, Gregorio Magno, Ambrosio de Milán y Jerónimo de Estridón.

Antes de adoptar la vida religiosa había estudiado filosofía y retórica, esta última disciplina bajo la guía de Libanius quien era, por aquel entonces, uno de los retóricos más elocuentes de habla griega durante el Bajo Imperio romano (conocido como el pequeño Demóstenes). A partir del año 373 se hizo monje ermitaño y, como tal, se retiró a las montañas cercanas a Antioquía, aunque solo por seis años: dos con la guía de un viejo monje sirio y cuatro en una cueva.

Por razones de salud regresó a Antioquía y allí fue nombrado diácono (381) y sacerdote (386). Entonces, recibió el encargo de ser el predicador en la catedral de su ciudad. Lo fue durante doce años y se ganó la fama de predicador, maestro y santo servidor de su pueblo. En sus sermones y discursos públicos denunció los abusos de las autoridades imperiales, así como el libertinaje del clero bizantino. Trabajó a favor de las personas más necesitadas y reivindicó sus derechos.

No fue, entonces, solo un mero predicador elocuente, sino también, y esto es lo más destacable, un predicador valiente que asumió el encargo de la predicación con la fuerza profética que se necesitaba en aquel entonces. Esto le ganó aplausos, reconocimientos, pero también persecuciones y muchas aflicciones. Se enfrentó al emperador Arcadio, a la emperatriz Eudoxia y a encumbrados clérigos. Como resultado de esas denuncias fue enviado al destierro. Le condenaron por treinta y nueve cargos, uno de ellos como enemigo de la fe y contradictor de la sana doctrina (hereje).

Murió en Comana, Ponto, a consecuencia de uno de los viajes forzados que se le habían impuesto como escarmiento. Hoy se conservan la mayoría de sus cartas y sermones, incluidas varias homilías acerca del bautismo, descubiertas no hace muchos años. Después de Agustín de Hipona, Crisóstomo es uno de los grandes Padres de la Iglesia que ha gozado de mayor prestigio como reformador de la fe.

De su cofre de joyas espirituales:

¡No te ordenó Dios que al pobre le echaras en cara su pereza, sino que le remediaras su necesidad! ¡No te hizo acusador de la perversidad, sino que te constituyó remedio y médico de su desgracia! ¡Y no para que lo reprendieses por su desidia, sino para que tendieras la mano al caído! ¡No para que condenaras sus costumbres, sino para que aliviaras su hambre!

Nosotros procedemos al revés. No nos dignamos consolar con la limosna de algunos dineros a quienes se nos acercan, pero en cambio les refregamos sus llagas con nuestras represiones... Porque dice la Escritura: Inclina hacia el pobre tu oído y con mansedumbre respóndele palabras amables. Plata y oro no tengo. Lo que tengo, eso te doy. En el nombre de Cristo levántate y anda...

¿No puedes sanar una mano árida? Pero puedes extender la tuya a la que la crueldad ha secado, mediante la benevolencia..."[1].

Enseña la Biblia:

"Al ver que Pedro y Juan iban a entrar, les pidió una limosna. Pedro y Juan clavaron su mirada en él, y Pedro le dijo: — Míranos. El cojo los miró con atención, esperando que le dieran algo. Pedro entonces le dijo: — No tengo plata ni oro, pero te daré lo que poseo: en nombre de Jesús de Nazaret, comienza a andar. Y, tomándolo de la mano derecha, hizo que se incorporase. Al instante se fortalecieron sus piernas y sus tobillos, se puso en pie de un salto y comenzó a andar".

(Hechos 3:3-7)

---

1 Juan Crisóstomo, *Homilías* (Tomo I), *Segunda homilía sobre el libro de los Hechos de los Apóstoles*, Guadalajara, Editorial Tradición, 1976.

Nos preguntamos hoy:

La crisis de la predicación tiene poco que ver con la elocuencia. Hay predicadores(as) grandilocuentes, sin embargo, falta la integración de la palabra locuaz con la acción eficaz. Preguntémonos: ¿cómo lograr que nuestras comunidades de fe no solo prediquen bien, sino que demuestren el Evangelio con acciones de servicio a las personas más necesitadas?

ESCUCHA CON EL OÍDO DE TU CORAZÓN

BENITO DE NURSIA

Harold Segura C.
2019

Benito de Nursia

(480 - 547)

Dijo Benito:

"Escucha, hijo, los preceptos del Maestro, e inclina el oído de tu corazón"[1].

Semblanza personal:

Benito (*Benedictus*) nació en Nursia, Italia, a finales del siglo V. Después de todos estos siglos, su vida y enseñanzas siguen siendo tenidas en cuenta como una de las fuentes de espiritualidad cristiana más vigentes para la actualidad. Joan Chittister, periodista, monja y escritora señala en uno de sus libros que "la espiritualidad benedictina es la espiritualidad del siglo XXI, porque aborda los problemas que afrontamos hoy: servicio, relaciones, autoridad, comunidad… y desarrollo espiritual y psicológico"[2].

Nació en una familia de la pequeña burguesía rural y fue enviado a Roma para estudiar. Al ver la vida disoluta que caracterizaba a la ciudad, decidió irse al campo y vivir en una cueva como ermitaño. Huyó para vivir en Effide en una pequeña comunidad bajo la guía espiritual de un sabio sacer-

---

1 Benito de Nursia, *Regla de san Benito*, (3ª edición), Madrid, Biblioteca de Autores Cristianos, 2000, p. 65.

2 Joan Chittister, *La Regla de san Benito: vocación de eternidad*, Sal Terrae, Santander, 2003, p. 17.

dote. Poco tiempo después se dirigió hacia el monte Subiaco, cerca de Roma, donde vivió como ermitaño. Muchas personas acudían a él para buscar aliento espiritual. Allí fundó doce pequeñas comunidades monásticas, cada una con doce monjes y un abad que los dirigía.

En el 529 abandonó los grupos y se trasladó hacia el Montecasino, a casi 130 kilómetros de Roma, donde estableció un monasterio que dio origen a la orden benedictina. También fundó un monasterio para su hermana Escolástica, dirigido para mujeres con la misma vocación de vida retirada. Benito vivió en Montecasino hasta su muerte, en el año 547.

Teniendo en cuenta las Reglas monacales escritas por Juan Caisiano (360-435) y Basilio de Cesaréa (330-379), Benito redactó su propia Regla, la que gozó de amplia difusión y aseguró su fama como "Patriarca del monaquismo occidental". Ese es uno de los documentos más importantes de la historia de la espiritualidad cristiana.

La historia del santo de Nursia se conserva gracias a la biografía teológica escrita en la segunda parte de *Diálogos*, obra del papa Gregorio el Grande (540-604).

De su cofre de joyas espirituales:

No hagas en el monasterio discriminación de personas. No amarás más a uno que a otro, de no ser al que hallare mejor en las buenas obras y en la obediencia. Si uno que ha sido esclavo entra en el monasterio, no sea propuesto ante el que ha sido libre, de no mediar otra causa razonable. Más cuando, por exigirlo así la justicia, crea el abad que debe proceder de otra manera, aplique el mismo criterio con cualquier otro rango. Pero, si no, conserven toda la precedencia que les corresponde, porque «tanto esclavos como libres, todos somos en Cristo una sola cosa» y bajo un mismo Señor todos cumplimos un mismo servicio, «pues Dios no tiene favoritismos». Lo único que ante él nos diferencia es que nos encuentre mejores que los demás en buenas obras y en humildad. Tenga, por tanto, igual caridad para con todos y a todos aplique la misma norma según los méritos de cada cual[3].

Enseña la Biblia:

"Pero ahora, una vez que la fe ha llegado, ya no estamos bajo el dominio de ningún acompañante. En efecto, todos vosotros, los que creéis en Cristo Jesús, sois hijos de Dios, pues todos los que habéis sido bautizados en Cristo, de Cristo habéis sido revestidos. Ya no hay distinción entre judío y no judío, ni entre esclavo y libre, ni entre varón y mujer. En Cristo Jesús, todos sois uno. Y si sois de Cristo, también sois descendientes de Abrahán y herederos según la promesa".

(Gálatas 3:25-29)

Nos preguntamos hoy:

Vivimos en una sociedad jerarquizada, no solo en el mundo del trabajo, sino también en otros ámbitos del diario vivir. Las jerarquías, por necesarias que sean, no deberían llevarnos a olvidar lo que nos recuerda la Biblia y reiteró Benito:

---

3 Ibid., p.76.

ante Dios, somos iguales. Preguntémonos: ¿Qué significa en la práctica vivir la igualdad entre todas las personas en el trabajo, la familia, la escuela y la comunidad?

Juan Clímaco

(575 - 649)

Dijo Juan Clímaco:

"El alma sosegada es un trono de sencillez; el espíritu colérico es creador de maldad"[1].

Semblanza personal:

Juan Clímaco, también conocido como Juan el Sinaíta o Juan Escolástico nació en Palestina y fue un monje del Sinaí que decidió vivir en lugar apartado y dedicado por entero a la oración, el silencio y el ayuno (cristiano anacoreta). Fue maestro de la vida espiritual entre los siglos sexto y séptimo. Sus más preciosas enseñanzas quedaron registradas en su obra llamada *La escalera del divino ascenso* o, *Escala espiritual*. A este título se debe también su apellido, Clímaco (klimax: escalera para ascender).

Inició su práctica espiritual siendo muy joven, cuando tenía dieciséis años de edad; entonces se fue al Monte Sinaí después de cuatro años de intensa formación. Durante ese tiempo trató de encontrar respuestas a la pregunta que lo acompañó durante toda su vida: ¿cómo escalar en la fe y en la total consagración al Señor? En sus años juveniles aprendió

---

1 Alfonso Ropero (compilador), *Lo mejor de Juan Clímaco*, Terrassa, Editorial Clie, 2003, p.228.

que lo que debía hacer era dedicar tiempo a la oración, en lugar de las conversaciones inútiles, así como también estar cerca de un director espiritual que lo ayudara a reconocer sus imperfecciones y lo encaminara por las sendas de la fe. Los libros de Gregorio Nacianceno (329-389) lo guiaron en ese camino.

Por más de cuatro décadas vivió dedicado a la lectura de las Escrituras, a la oración y, como la mayoría de los monjes, al trabajo manual. Sus contemporáneos admiraban su consagración y el rigor de su moralidad, pero él, apegado a sus más caros valores de la sencillez (simplicidad) y la humildad, intentaba ocultar sus virtudes y parecer un monje más.

En la *Escala divina* se presentan treinta escalones (la edad de Cristo cuando fue bautizado); cada uno de ellos expone las virtudes que se deben cultivar y los vicios que se deben evitar en el arduo camino hacia la vida que agrada al Señor. Clímaco, basado en su propia experiencia, enseña cómo lograr esas virtudes y soslayar las tentaciones. En el último escalón, el número treinta, se resume en tres palabras todo lo dicho hasta entonces: *Fe, esperanza y amor* (1 Corintios 13:13).

De su cofre de joyas espirituales:

"Después de todo lo que hemos dicho, solo nos queda esta triada: fe, esperanza y caridad, que abrazan y aseguran la unión de todas las virtudes… La fe la comparo con un rayo; la esperanza con la luz y el amor con una esfera, juntas forman una sola claridad, un solo esplendor… Quien desee hablar de amor está ya hablando de Dios mismo, pero es peligroso hablar de Dios y podrías ser peligroso para los incautos. Los ángeles saben cómo hablar del amor, pero ellos hablan solo en la medida que reciben luz. Dios es amor (1 Juan 4:8,16). Pero el que tenga deseos de definirlo es un ciego que se empeña en contar la arena del mar[2].

Enseña la Biblia:

"Más cuando venga lo completo, desaparecerá lo que es limitado. Cuando yo era niño, hablaba como niño, pensaba como niño, razonaba como niño; al hacerme adulto, dije adiós a las cosas de niño. Ahora vemos confusamente, como por medio de un espejo; entonces veremos cara a cara. Ahora conozco sólo de forma limitada; entonces conoceré del todo, como Dios mismo me conoce. Tres cosas hay que ahora permanecen: la fe, la esperanza, el amor. De todas ellas, la más grande es el amor.".

(1 Corintios 13:10-13)

Nos preguntamos hoy:

Es tan fácil como engañoso confundir la vida espiritual con los ritos, sacrificios y desolaciones. ¡Como si agradar a Dios fuera renunciar a la vida! Clímaco concluye que la santidad se resume en fe, esperanza y amor. Preguntémonos: ¿cuál es la santidad que promovemos o buscamos hoy? y ¿qué tanto tiene que ver esa aspiración con una vida llena de fe, colmada de esperanza y rebosante de amor?

---

2 Ibid., p.306.

Tu eres una luz que nunca se apaga. Eres un sol que nunca se oculta.

SIMEÓN el TEÓLOGO.

Harold Segura C.
2019

Simeón el Nuevo Teólogo

(949 - 1022)

Dijo Simeón:

"Te doy gracias, porque para mí eres una luz que no conoce la noche, un sol que nunca se pone"[1].

Semblanza personal:

Simeón el Nuevo Teólogo es un venerable teólogo reconocido así por la Iglesia Ortodoxa, junto con Juan el Apóstol y Gregorio Nacianceno (329-390), nacido en Galacia, antigua región del Asía Menor (hoy, parte de Turquía) donde se asentaron tribus de galos a principios del siglo III. De estos se tomó el gentilicio de gálatas.

Fue un escritor (poeta), educado en Constantinopla para la carrera civil y nombrado cortesano para atender al emperador bizantino Basilio II (958-1025). Es insigne representante de una conocida tradición originada a partir del siglo IV entre monjes antiguos y conocida como el *hesicasta mística*, que proliferó sobre todo en la Iglesia de Oriente. El objetivo de los hesiquiastas era buscar la paz interior en una experiencia de unión mística con Dios y en plena armonía con la

---

1 Simeón el Nuevo Teólogo, *An invocation to the Holy Spirit,* en: https://mvlturner. wordpress.com/2009/11/29/an-invocation-to-the-holy-spirit-%E2%94%80-st-symeon-the-new-theologian/

Creación. Cultivaban con esmero la soledad, el silencio y la quietud. Deben su nombre a esta práctica de la tranquilidad interna y externa (el término griego *hēsykhía* significa quietud o paz interior).

Renunció a la vida como cortesano a la edad de 27 años para retirarse al monasterio de Studon, el más importante de Constantinopla que, en su momento de mayor esplendor albergó más de mil monjes. Allí se dedicó a la vida monacal bajo la dirección espiritual de Simeón el Pío. Leyendo un viejo texto espiritual escrito por Marcos el Monje encontró esta enseñanza que marcó su vida: "Si buscas la curación espiritual estate atento a tu conciencia. Todo lo que ella te diga hazlo y encontrarás lo que te es útil". Desde aquel momento, según narra el mismo Simeón, nunca se acostó sin antes preguntarse si la conciencia no tenía algo que reprocharle.

Tiempo después fue nombrado abad del monasterio de San Mames donde se ganó el aprecio de los monjes por conducirlos por medio de sus enseñanzas y de su propio ejemplo hacia una vida de unión espiritual con Dios. Los últimos años de su vida los pasó en otro monasterio donde escribió la mayor parte de sus obras. Sus obras comprenden nueve volúmenes, entre tratados teológicos, éticos, poesías, himnos y textos sobre asuntos éticos, además de numerosas cartas. Murió el 12 de marzo de 1022.

De su cofre de joyas espirituales:

"Más Dios se muestra con simpleza, no en un dibujo o en una impronta, sino tomando forma en una luz incomprensible, inconcebible y carente de forma —pues nada más nos es posible decir o expresar—, mientras se muestra de forma manifiesta y se hace reconocer de manera harto comprensible y se deja ver, siendo invisible, de forma totalmente penetrante, e invisiblemente habla, escucha y cara a cara, como un amigo con su amigo, conversa el que es Dios por naturaleza con los que han sido hechos dios por su gracia. Y cual un padre, ama y es amado ardientemente por sus hijos y se convierte para ellos en extraño objeto de contemplación y en audición aún más estremecedora, sin que pueda ser explicado por ellos como se merece ni soporte verse envuelto en un completo silencio[2].

Enseña la Biblia:

"Jesús les respondió: —Todavía está la luz entre vosotros, pero no por mucho tiempo. Mientras tenéis luz, caminad para que no os sorprendan las tinieblas. Porque el que camina en la oscuridad no sabe a dónde se dirige. Mientras tenéis luz, creed en ella para que la luz oriente vuestra vida. Después de decir esto, Jesús se retiró, escondiéndose de ellos.".
(Juan 12:35-36)

Nos preguntamos hoy:

Las imágenes de Dios (y de dioses) son multitudinarias en el actual mercado religioso. Jesús nos ayuda en medio de tan-

---

2 Simeón el Nuevo Teólogo, *Plegarias de luz y resurrección*, ediciones sígueme, Salamanca, 2004, pp. 21-22.

ta confusión al recordarnos que Dios es, sin más palabras: una luz que ilumina el camino de la vida. Preguntémonos: ¿cómo imaginamos a Dios y qué significa la realidad de Dios en nuestras vidas?

"Así soy yo, una pluma en las manos de Dios. Escribo lo que Él quiere."

HILDEGARDA DE BINGEN

Harold Segura C.
2019

Hildegarda de Bingen

(1098 - 1179)

Dijo Hildegarda:

"...tiendo mis manos a Dios y El me sostiene, como una pluma que carece de toda gravedad de fuerzas y se deja llevar por el viento[1].

Semblanza personal:

Hildegarda de Bingen sorprende por la amplia variedad de saberes. Era teóloga, compositora, filósofa, predicadora, farmacéutica, mística visionaria, naturalista, lingüista, física y otras más. En la actualidad se leen sus obras y se escucha su música tratando de descifrar la riqueza de su legado artístico, social, cultural y espiritual. Muestra del interés que despierta su figura polifacética es la producción de una película dirigida por Margarethe von Trotta y titulada *Visión: la historia de Hildegard von Bingen* (2010).

Nació en 1098 en Bermersheim, en el valle del Rin (hoy Renania-Palatinado, en Alemania) en el seno de una familia de la nobleza (hija de un conde). Siendo una niña de ocho años, su familia encargó a Jutta de Spanheim , una abadesa ermitaña, para que la educara y encaminara en las enseñanza

---

1 Hildegard von Bingen (edición), *Vida y visiones de Hildegard von Bingen*, Madrid, Ediciones Siruela, 2009, p.44.

de la fe benedictina. Con ella permaneció hasta cuando cumplió 18 años, edad en la que decidió hacerse monja.

Sus primeras visiones las tuvo desde los tres años de edad, pero quedaron en el secreto de la abadía. En 1136, cuando murió Jutta, Hildegarda fue nombrada Superiora en la comunidad monástica. A partir de entonces, las visiones se presentaron con mayor frecuencia. Por recomendación de la comunidad, escribió algunas de las visiones. El arzobispo de Maguncia recibió los escritos y dio su aprobación. A partir de ese momento comenzó la escritura de su obra principal, *Scivias* (Conocer los caminos)[2] a la que invirtió casi una década de su vida. En ella registró sus visiones acerca de la relación entre Dios, la humanidad y el cosmos. El texto iba acompañado de pinturas simbólicas en las que los seres humanos son rayos del amor de Dios o emanaciones de ese amor.

Hizo numerosos viajes entre 1152 y 1165, predicando a través de las tierras del Rin. Su fama como predicadora llegó más allá de su tierra natal. El papa Eugenio III, asesorado por Bernardo de Claraval, le autorizó la publicación de sus obras. En 1160 luchó contra Federico Barbarroja (emperador del Sacro Imperio Romano Germano, reconocido por su nacionalismo) y defendió contra él la autonomía de su monasterio. En sus últimos años, Hildegarda fundó también el monasterio en Eibingen. Murió el 17 de septiembre de 1179.

De su cofre de joyas espirituales:

"Dios obra allí donde quiere para gloria de su nombre y no

---

2 Hildegar von Bingen, Scivias: Conoce los caminos, Madrid, Editorial Trotta, 1999.

del hombre terreno. Yo siempre tengo un tembloroso temor, pues no sé en mi ninguna seguridad de la posibilidad que sea. Pero tiendo mis manos a Dios, y él me sostiene como una pluma que carece de toda gravedad de fuerzas y deja llevarse por el viento. Ni siquiera aquello que veo puedo saberlo de un modo perfecto, mientras estoy al servicio del cuerpo y del alma invisible, pues en ambos hay carencias para el hombre"[3]

Enseña la Biblia:

"A uno le puede parecer intachable su conducta, pero el Señor juzga las intenciones. Encomienda al Señor tus obras y se realizarán tus planes. El Señor hace todo con un fin: al malvado, para el día del castigo. El Señor aborrece toda arrogancia, seguro que no la dejará impune".

(Proverbios 16:2-5)

Nos preguntamos hoy:

Estamos en las manos de Dios. No es Dios quien está en nuestras manos. La fe brota del reconocimiento de quién es Dios y de la aceptación de quiénes somos nosotros (con nuestra grandeza y limitaciones). Hildegarda se reconoce como "una pluma" en las manos de Dios. Preguntémonos: ¿en qué radica la grandeza del ser humano y cuál su limitación? ¿Cuál es el lugar de Dios en nuestras vidas?

---

3 Ibid., p.44.

Necesito pocas cosas y las pocas que necesito, las necesito poco.

FRANCISCO de ASIS

Harold Segura C.
2019

Francisco de Asís

(1182 - 1226)

Dijo Francisco:

"Yo necesito pocas cosas y las pocas que necesito, las necesito poco[1].

Semblanza personal:

Nació en Umbría, en la ciudad de Asís (Italia). Hijo de Pietro di Bernardone, un comerciante rico. Su madre, Pica, era francesa y pertenecía a una familia noble. Desde niño mostró dotes para la vida comercial y la caballería. A los veinte años fue encarcelado por participar en un altercado entre las ciudades de Perugia y Asís. Al regresar a su tierra y tras haber vivido la prisión durante un año y una enfermedad, comenzó a pensar en el estilo de vida que había tenido hasta entonces y en la necesidad de iniciar un camino espiritual. A los veinticuatro años tuvo la primera visión en el templo de san Damián. Escuchó una voz que venía de una imagen de Jesucristo y que se dirigía a él diciéndole: "Ve, Francisco, repara mi iglesia. Ya lo ves: está hecha una ruina". Él respondió de inmediato, se fue a su casa paterna, tomó unas mercancías del almacén de su padre, lo vendió y entregó el dinero obtenido al sacerdote para

---

1 Dorian Lucas. *99% feliz: 99 recetas de grandes pensadores para disfrutar de cada día*. Madrid, Grupo Editorial Penguin Random House, 2015.

que reparara el templo. Había cumplido con exactitud literal la visión, sin entender aun lo que Dios le estaba pidiendo.

Tiempo después comprendió que la restauración de la Iglesia se refería a la ruina espiritual. La visión lo había convocado para que la Iglesia regresara a la sencillez del Evangelio, al servicio a los más pobres y a vivir como Jesús había vivido. De joven rico, decidió convertirse en un pobre servidor de los enfermos, lo que produjo el rechazo de muchas personas de Asís, entre ellos su propio padre.

El rechazo de algunos fue compensado con el apoyo de muchos. Al poco tiempo, un numeroso grupo de jóvenes se unió a Francisco y con ellos nació una nueva orden religiosa. También Clara de Asís (1193-1253) se unió a estos jóvenes y Francisco, en un acto simbólico le cortó el cabello, para expresar su consagración a Cristo y a la vida pobre. Esa comunidad de jóvenes viajó en 1210 a Roma y allá obtuvo del papa Inocencio III la aprobación de la nueva orden.

Francisco dejó muy pocos escritos, pero sí muchas historias y leyendas sobre su vida y su "santa locura" por el Evangelio, por la vida pobre, la no violencia, el cuidado sagrado de la creación. Murió el 3 de octubre de 1226.

De su cofre de joyas espirituales:

"Son verdaderamente pacíficos aquellos que, en medio de todas las cosas que padece este siglo, conservan, por amor de nuestro Señor Jesucristo, la paz del alma y el cuerpo.

Son verdaderamente de corazón limpio los que desprecian lo terreno, buscan lo celestial y nunca dejan de adorar y contemplar al Señor vivo y verdadero con amor y ánimo limpio.

Dichoso aquel siervo que no se enaltece más por el bien que el Señor dice y obra por su medio, que el que dice y obra por medio de otro. Comete pecado quien prefiere recibir de su prójimo, mientras él no quiere dar de sí al Señor Dios"[2].

Enseña la Biblia:

"Solidarícense con las necesidades de los creyentes; practiquen la hospitalidad; bendigan a los que los persiguen y no maldigan jamás. Alégrense con los que están alegres y lloren con los que lloran. Vivan en plena armonía unos con otros. No ambicionen grandezas, antes bien pónganse al nivel de los humildes. Y no presuman de inteligentes. A nadie devuelvan mal por mal. Esfuércense en hacer el bien ante cualquiera. En cuanto de ustedes dependa, hagan lo posible por vivir en paz con todo el mundo. Y no se tomen la justicia por propia mano, queridos míos…".
(Romanos 12: 13-19)

Nos preguntamos hoy:

El arduo trabajo a favor de la paz en el mundo se relaciona con la incesante búsqueda de una vida personal en paz con Dios, con los demás y con la creación. Preguntémonos: ¿a qué esfuerzos deberíamos sumarnos para luchar a favor de

---

2 José Antonio Guerra (editor), *Francisco de Asís, Escritos. Biografías. Documentos de la época*, Madrid, Biblioteca de Autores Cristianos, 1985, p.82.

la paz en nuestro país? ¿de qué manera relacionamos esos esfuerzos con nuestra paz con Dios, con los demás y con la creación?

Señor, tú eres mi amante, mi anhelo... mi sol, y yo soy reflejo de tu Gloria

Matilde de Magdeburgo

Harold Segura C.
2019

Matilde de Magdeburgo

(1207 - 1282)

Dijo Matilde:

"Señor, Tú eres mi amado, mi deseo, mi fuente que fluye, mi sol, y yo soy tu espejo"[1].

Semblanza personal:

Se cree que Matilde (Mechtilde) nació en 1207, en el seno de una familia adinerada que procuró ofrecerle una sólida formación espiritual y académica. Siendo muy niña, a la edad de doce años, tuvo la primera visión mística, de una serie que continuó durante el resto de su vida. Cerca de cumplir los treinta años, sintió que Dios la llamaba para dejar a su familia y vivir una vida retirada. Se unió a la orden de las monjas beguinas en Magdeburgo, bajo la guía espiritual de los dominicos.

Las beguinas eran un movimiento de mujeres que fundaron una forma de vivir la vida espiritual de manera independiente a las demás órdenes religiosas, sin reglas de clausura, sin votos y sin una aprobación eclesiástica. Surgieron en los países bajos y en Alemania, en el siglo XIII y ofrecían una alternativa atractiva para mujeres como Matilde que buscaban

---

1 Matilde de Magdeburgo, citado en: Esther Corral Díaz (editora), *Voces de mujeres en la Edad Media: Entre realidad y ficción*, Boston, Walter Gruyter GmbH, 2018, p.316.

vivir su fe al servicio de las personas más necesitadas (enfermos, ancianos, niños y niñas) y desarrollando también labores intelectuales.

Entre 1250 y 1265 redactó *La luz que fluye de la divinidad*,[2] escrito en forma poética y a manera de un dialogo abierto entre Dios y Matilde. Nos habla de su misticismo usando figuras alegóricas, sobre todo la del amor entre Dios y los seres humanos. Es un diálogo en el que fluye la palabra de Dios. A ella le corresponde acoger esa palabra en silencio para escuchar el susurro del amor divino.

Abandonó a la comunidad de las beguinas en 1270 para establecerse en un convento cisterciense de Helfta, el más famoso de los monasterios alemanes y conocido como "la Corona de los monasterios" de esta región del mundo. Además de Matilde de Magdeburgo, dos mujeres más le dieron fama a ese convento, Matilde de Hackeborn y Gertrudis la Grande. En un momento en que la brecha entre los ricos y los pobres se hacía más grande, Matilde estaba consciente de que el lujo y la riqueza poco tenían que ver con el Evangelio que había aprendido.

Murio alrededor del año 1282 en el monasterio de Helfta. Se le reconoce como mística y poeta (con más exactitud, trovadora lírica), una de las más insignes, aunque poco conocidas figuras literarias de la Europa del siglo XIII.

---

2 Matilde de Magdeburgo, *La luz que fluye de la divinidad*, Barcelona, Editorial Herder, 2016.

De su cofre de joyas espirituales:

"Entre Dios y tú debe haber siempre amor, entre las cosas terrenales y tú debe haber miedo y temor, entre el pecado y tu debe haber enemistad y lucha, entre el cielo y tu debe haber constante esperanza.

Todo aquel que fue una vez herido por el amor verdadero ya nunca se curará del todo, a menos que vuelva a besar la boca que dejó su alma herida.[3]

Enseña la Biblia:

"Queridos, Dios es la fuente del amor: amémonos, pues, unos a otros. El que ama es hijo de Dios y conoce a Dios. El que no ama no conoce a Dios, porque Dios es amor. Y Dios ha demostrado que nos ama enviando a su Hijo único al mundo para que tengamos vida por medio de él. Pues el amor radica no en que nosotros hayamos amado a Dios, sino en que él nos amó y envió a su Hijo como víctima por nuestros pecados."

(1 Juan 4:7-10)

Nos preguntamos hoy:

Matilde y las primeras beguinas usaron el lenguaje del amor —incluido el amor erótico (como en el libro de Cantar de los Cantares)— para representar la relación entre los seres humanos y Dios. Para ellas primó el amor, no el temor, porque Dios es amor. Preguntémonos: ¿de qué manera

---

3 Ibid., *Libro primero.*

representamos nuestra relación con Dios? Al pensar en ella, ¿prima el amor o el temor?

...Por eso ruego a Dios que me libre de Dios... Soy la causa de Dios.

MAESTRO ECKHART

Harold Segura C.
2019

Maestro Eckhart

(1260 - 1327)

Dijo Eckhart:

"Por eso le pedimos a Dios que nos despojemos de Dios y aprehendamos la Verdad".[1]

Semblanza personal:

El Maestro Eckhart (Meister Johannes Eckhart von Hochheim) fue un teólogo, místico y filósofo alemán. Siendo muy joven ingresó a la orden dominica y llegó a ser el Superior (prior) del convento de Erfurt y después vicario en Turingia. Junto a sus dos más cercanos discípulos, Enrique Suso o Susón (1295-1366) y Juan Taulero (1300-1361) representaron una de las escuelas de mayor influencia espiritual en esos siglos. En la historia de la espiritualidad cristiana se les conoce a estos tres profesores universitarios como la *triada renana*. El reformador protestante Martín Lutero (1483-1546) era asiduo lector de las obras místicas de esta corriente alemana.

Nació en Hochheim, Alemania y estudió en Colonia y en la Universidad de París. En esta acreditada universidad llegó a ser profesor de teología. En 1302 fue profesor de la Sorbona y, un año después, se le encargó la tarea de velar por

---

1 Meister Eckhart, *Tratados y sermones*, Buenos Aires, Editorial Las Cuarenta, 2013, p. 652.

el cuidado espiritual de cuarenta y siete conventos del norte de su país.

Estando en Colonia, en 1326, recibió la primera de varias acusaciones de difundir enseñanzas heréticas. Se le señalaba de propagar diecisiete declaraciones heréticas y once sospechosas de serlo. Dirigió extensos y sesudos documentos de defensa ante el Papa Juan XXII (1244-1334) quien lo condenó como hereje en 1329, dos años después de que Eckhart hubiera muerto. Esa censura permaneció hasta hace muy pocos años, hasta 1992 cuando el papa Benedicto XVI (entonces Prefecto de la Congregación de la Doctrina de la Fe) aceptó la petición del Capítulo general de los Dominicos para rehabilitar al famoso teólogo. En el veredicto se dijo que Eckhart nunca necesitó esa rehabilitación puesto que nunca fue censurado cuando estaba vivo. De acuerdo con el veredicto de finales del siglo XX, el místico alemán es un teólogo digno de recomendación. Reconocimiento que le llegó casi setecientos años después de su muerte.

Como la mayoría de las obras místicas, la de Eckhart se concentra en la unión del ser humano con Dios. Unión que es posible por la gracia que nos viene por medio de Cristo. Podemos llegar hasta Dios de manera milagrosa, escribe el Maestro, por la nobleza que Dios mismo ha puesto en nuestra alma. Alcanzamos el *conocimiento místico* de Dios cuando nos adentramos en el fondo de nuestra propia alma.

De su cofre de joyas espirituales:

"¡Señor, no me des nada fuera de lo que tú quieras y haz, Señor, lo que quieres y como lo quieres de cualquier modo! Esta [oración] supera a la primera como el cielo a la tierra. Y si alguien reza así, ha rezado bien: cuando en verdadera obediencia ha salido de su yo para adentrarse en Dios. Y así como la verdadera obediencia no debe saber nada de *Yo quiero*, tampoco habrá de oírse nunca que diga: *Yo no quiero*; porque *yo no quiero* es un verdadero veneno para toda obediencia. Como dice San Agustín: «Al leal servidor de Dios no se le antoja que le digan o den lo que le gustaría escuchar o ver; pues su anhelo primero y más elevado consiste en escuchar lo que más le gusta a Dios»".[2]

Enseña la Biblia:

"Por segunda vez se alejó de ellos y oró así: — Padre mío, si no es posible que esta copa de amargura pase sin que yo la beba, hágase lo que tú quieras. Regresó de nuevo a donde estaban los discípulos, y volvió a encontrarlos dormidos pues tenían los ojos cargados de sueño. Así que los dejó como estaban y, apartándose de ellos, oró por tercera vez con las mismas palabras".
(Mateo 26:42-44)

---

2 Ibid., p.109.

Nos preguntamos hoy:

La fe es sinónimo de confianza y la confianza se vive en entrega a Dios y a su buena y agradable voluntad. Así lo vivió Jesús en el trance de dolor por su pasión: "hágase lo que tú quieras". Preguntémonos: ¿en qué áreas de nuestra vida personal, familiar y social necesitamos hoy confiar en la voluntad de Dios? ¿nuestras oraciones tienen en cuenta esa voluntad?

JULIANA de NORWICH

Harold Segura C.
2019

Juliana de Norwich

(1342 - 1416)

Dijo Juliana:

"Todo irá bien, y todo irá bien y todas las cosas estarán bien".[1]

Semblanza personal:

Juliana nació cerca del año 1342, en Norwich, al Este de Inglaterra, en una época de muchas convulsiones políticas, sociales y religiosas. Durante ese siglo, la Peste Negra o Peste Bubónica asoló a África, Asia y Europa donde murieron más de ochenta millones de personas. Fue también la época de la Guerra de los Cien Años (conflicto armado entre Inglaterra y Francia) y la gran crisis de autoridad que vivió la Iglesia católica debido a un prolongado cisma papal, conocido como el Cisma de Aviñón (entre 1378 y 1417), cuando tres obispos se disputaron la autoridad papal.

Ella era una de las tantas personas que en su época buscaban encontrar nuevas formas de vida espiritual que no estuviera emparentada a las rancias tradiciones conventuales. Ese anhelo profundo de una nueva espiritualidad motivó a centenares de personas a cultivar una mística fuera de los monasterios (mística laica). En el siglo XIV, en Inglaterra, se

---

1 Juliana de Norwich, *Libro de visiones y revelaciones*, Madrid, Editorial Trotta, 2002, (capítulo 27).

escribieron muchos textos que, con el tiempo, adquirieron la categoría de clásicos espirituales. Uno de ellos fue escrito por Juliana, el que hoy conocemos como *Libro de visiones y revelaciones*. Por este libro se le reconoce como la primera escritora del idioma inglés.

Vivió como monja benedictina en Norwich. Decidió vivir como ermitaña en una pequeña vivienda unida a la pared de la Iglesia de san Julián (posible razón de que a ella se le llame Juliana). En esa vivienda tenía una ventana que daba hacia el interior de la Iglesia y otra hacia al exterior de ella. Por esta recibía el alimento y atendía a los visitantes que acudían a ella buscando consejo espiritual.

Enfermó a la edad de treinta años. En esa condición, le pidió al Señor que le diera una visión de la pasión de Cristo. De esas visiones provinieron gran parte de sus principales escritos. Pese a su época, sus textos manifestaban esperanza, dejan ver su alegría interior y su gran compasión por el prójimo. Para ella, el amor de Dios era como el de una madre buena y tierna. En lugar de refrendar los dictados de la teología de su época, que interpretaba los desastres como juicios de Dios, escogió hablar de la gracia generosa del Señor.

Juliana ocupa un lugar privilegiado no solo en la Iglesia católica; también en la anglicana y luterana.

De su cofre de joyas espirituales:

"Tan verdaderamente como Dios es nuestro Padre, Dios es verdaderamente nuestra Madre, y lo ha revelado en todo, especialmente en estas dulces palabras, en las que dice: «Yo soy...», es decir: «Yo soy el poder y la bondad de la paternidad. Yo soy la sabiduría y el cariño de la maternidad. Yo soy la luz y la gracia de todo amor bienaventurado. Yo soy la Trinidad. Yo soy la unidad. Yo soy la gran y suprema bondad de todo tipo de cosas. Yo soy quien te hace amar. Yo soy quien te hace desear ardientemente. Yo soy el cumplimiento final de todos los deseos verdaderos». Pues cuanto más elevada, más noble, más honorable es el alma, más baja, más humilde y más bondadosa es".[2]

Enseña la Biblia:

"Decía Sión: "Me ha dejado el Señor, mi Dios se ha olvidado de mí". ¿Se olvida una madre de su criatura, deja de amar al hijo de sus entrañas? Pues, aunque una madre se olvidara, yo jamás me olvidaré.
(Isaías 49:14-15)

Nos preguntamos hoy:

Dios no puede ser representado por una sola figura humana. Lo que podemos hacer es representarlo, como lo hicieron los escritores sagrados, unas veces como hombre, otras como mujer, unas como padre bueno y otras como madre bondadosa. Él es Dios Padre-Madre, como lo expresaba Juliana de Norwich. Preguntémonos: ¿Qué nuevas imágenes y emociones nos trasmite la imagen de Dios como mamá que acaricia a sus hijos e hijas y los alimenta?

---

2 Ibid., (capítulo 59).

¡Basta de silencios! Por haber callado, el mundo está podrido. ¡Ay de mí!

CATALINA de SIENA

Harold Segura C.
2019

Catalina de Siena

(1347 - 1380)

Dijo Catalina:

"¡Basta de silencios! ¡Gritad con cien mil lenguas! porque,
por haber callado, ¡el mundo está podrido!".[1]

Semblanza personal:

A los siete años de edad, Catalina tuvo su primera visión y,
desde esos primeros años, pensó en consagrar su vida a Cristo. Era la penúltima hija de una familia católica de veinticinco
hijos. Cuando cumplió quince años se cortó el cabello en protesta contra su padre y su madre que le pedían que se casara
pronto. Ella había decidido consagrar su vida a Cristo y antes
de sus veinte años de edad cumplió el deseo.

Vivió en un convento dominico, durante un tiempo en la
soledad y el silencio. Después, desde 1368 hasta 1374 vivió en
Siena, ciudad italiana, donde escribió numerosas cartas sobre
diferentes temas de interés para clérigos y laicos. Cinco siglos
después, en 1860, se publicaron en Florencia cuatro tomos
con la edición completa de sus cartas.

Ante la crisis que vivía la Iglesia católica, un grupo de
florentinos le pidió que visitara al papa Gregorio XI. Floren-

---

1 José Salvador y Conde, *Cartas de santa Catalina de Siena. Espíritu y doctrina*, Salamanca, Editorial San Esteban, 1982.

cia había sido declarada enemiga del Papa y el papado había trasladado su sede a Aviñón, Francia (desde 1309 hasta 1377, siete obispos de Roma residieron en Aviñón). Catalina no logró zanjar la disputa, pero influyó en la decisión de Gregorio XI para que regresara a Roma. Superado el conflicto del papado, Catalina se trasladó a Roma para trabajar a favor de la unidad de la Iglesia, cerca del papa Urbano VI (Papa entre 1378 y 1389). Su influencia política estuvo inspirada en sus convicciones espirituales. En muchas ocasiones se le solicitó servir como mediadora para dirimir querellas políticas y revueltas sociales.

Prolífica escritora[2]. El *Diálogo de la Divina Providencia* (llamado Diálogo), lo escribió durante cinco días en medio de una experiencia de visiones y otros éxtasis religiosos. La obra consta de 26 oraciones y 381 cartas. Ella, siguiendo la tradición de los grandes escritores y escritoras espirituales, creó también una metáfora para hablar de la relación con Dios. Para Juan Clímaco, por ejemplo, fue la escalera; para Catalina fue el puente, que nos une a Dios por medio de la obra de Cristo.

Junto a Francisco de Asís fue designada por el papa Pío XII (1939) santos patrones de Italia.

De su cofre de joyas espirituales:

«Abrid los ojos y mirad la perversidad de la muerte que ha venido en el mundo, y en particular en el cuerpo de la Santa

---

2 Cf. Catalina de Siena, *Obras de Santa Catalina de Siena: El diálogo. Oraciones y soliloquios*, Madrid: Biblioteca de Autores Cristianos, 2011.

Iglesia. ¡Ay de mí! ¡Qué estalle el corazón y el alma vuestra al ver tantas ofensas contra Dios! ... ¡Ay de mí! ¡Basta de silencios! ¡Gritad con cien mil lenguas! porque, por haber callado, ¡el mundo está podrido! ¡La Esposa de Cristo se encuentra palidecida!».[3]

Enseña la Biblia:

"Habla por el que no puede hablar, sal en defensa de los desvalidos; habla para juzgar con justicia y para defender a humildes y pobres".
(Proverbios 31:8-9)

Nos preguntamos hoy:

El silencio de los místicos y místicas antiguas no debe confundirse con el silencio cómplice de quienes en nombre de la fe favorecen las injusticias. Callaron ante Dios, pero gritaron ante quienes se les debía hablar. ¡Cómo callar ante este "mundo podrido"! Preguntémonos: ¿Cuáles son los silencios que debemos evitar? ¿Cuándo y ante quiénes decir ¡basta de silencios!?

---

3 Catalina de Siena, *60 Cartas Políticas*, Buenos Aires, Editorial Lozada, 1950.

El verdadero tesoro de la iglesia es el más santo Evangelio de la gloria de Dios.

MARTIN LUTERO

Harold Segura C.
2019

Martín Lutero

(1483 - 1546)

Dijo Martín:

"El tesoro verdadero de la iglesia consiste en el sacrosanto evangelio de la gloria y la gracia de Dios".[1]

Semblanza personal:

A Martín Lutero se le conoce como el padre de uno de los mayores sucesos religiosos de los últimos siglos, la Reforma Protestante. Nació en el seno de una familia de campesinos alemanes, el 10 de noviembre de 1483, en Eisleben, Alemania. A la edad de veinte años ingresó a un monasterio agustiniano con el deseo de calmar sus ansias espirituales y aliviar su conciencia. Estando en el monasterio, sintió la vocación al sacerdocio católico y fue ordenado en 1507.

Un año después de su ordenación fue enviado a la Universidad de Wittenberg donde recibió el doctorado en teología en 1512, a la edad de veintinueve años. Ese mismo año, siendo profesor de literatura bíblica en la misma universidad, ofreció una serie de conferencias acerca de la epístola de Pablo a los Romanos. En ellas, ahondó en uno

---

1 Marín Lutero, *Las 95 tesis*, en: *Obras*, (edición: Teófanes Egidio), Salamanca, Ediciones Sígueme, 1977, p. 67.

de los temas personales de mayor preocupación: la salvación personal.

En 1517, siendo conocido como profesor universitario y elocuente predicador, decidió escribir noventa y cinco tesis en las que expresaba sus posiciones teológicas en las que expresaba su oposición a la venta de indulgencias que hacía la Iglesia católica y también a su doctrina de la salvación y el lugar de las buenas obras. Lutero afirmaba que la salvación personal es una gracia (regalo) que procede de parte de Dios por medio de la fe y que nada podía hacer el ser humano para lograrla.

Después de las Tesis, publicó por esos mismos años otros textos que provocaron la oposición de la Iglesia. El 3 de enero de 1521 se promulgó una bula papal de condena por herejía. En abril de ese mismo año compareció ante el emperador en la Dieta de Worms. Cuando se le ofreció la oportunidad de retractarse de sus afirmaciones, se negó a hacerlo. Dijo: "no creo en el Papa ni en los concilios solos, porque consta que erraron muchas veces y se contradijeron a sí mismos… teniendo la conciencia prisionera de la palabra de Dios, ni puedo ni quiero retractar nada, pues no es prudente ni está en mi mano el obrar contra mi conciencia. Dios me ayude"[2].

Lutero fue una persona de oración y piedad; un incansable buscador de Dios y pertinaz estudioso de las Escrituras. Había leído a los místicos alemanes, entre otros, con quienes había aprendido a seguir las iluminaciones del Espíritu antes que los preceptos de la Iglesia. Murió el 18 de febrero de 1546,

---

2 Ricardo García Villoslada, *Martín Lutero. El fraile hambriento de Dios*, Madrid, Biblioteca de Autores Cristianos, 1976, pp. 567-568.

a la edad de sesenta y tres años.

De su cofre de joyas espirituales:

"Porque lo que te resulta imposible a base de las buenas obras y preceptos —tantos y tan inútiles— te será accesible con facilidad y en poco tiempo a base de la fe. He comprendido todas las cosas en la fe para que quien la posea sea dueño de todo y se salve; el que la tenga, nada tendrá. Las promesas divinas, por lo tanto, regalan lo que exigen los mandamientos y cumplen lo que estos piden, hara que todo provenga de Dios: el precepto y su cumplimiento".[3]

Enseña la Biblia:

"En efecto, ustedes han sido salvados gratuitamente mediante la fe. Y eso no es algo que provenga de ustedes; es un don de Dios. No es, pues, cuestión de obras humanas, para que nadie pueda presumir. Lo que somos, a Dios se lo debemos. Él nos ha creado por medio de Cristo Jesús, para que hagamos el bien que Dios mismo nos señaló de antemano como norma de conducta."
(Efesios 2:8-10)

Nos preguntamos hoy:

Ciertas filosofías populares divulgan que el ser humano es ilimitado, todopoderoso e invencible. Quieren hacernos

---

3 Marín Lutero, Las 95 tesis, en: Ibid., pp.159-160.

creer que la realización humana está al alcance de la mano por la vía del emprendimiento comercial, la estrategia creativa o la piedad religiosa. Preguntémonos: ¿Cuál es el lugar de la amorosa gracia de Dios para el logro de nuestra realización humana y salvación personal? ¿Todo depende, como anuncian hoy, de nosotros mismos?

EXERCITIA

Dame solamente tu gracia y tu amor y seré rico por siempre

SPIRITUALIA

IGNACIO DE LOYOLA

Harold Segura C.
2019

Ignacio de Loyola

(1491 - 1556)

Dijo Ignacio:

"Dame tu amor y tu gracia; haz que te ame y sea amado por Ti, y así ya seré bastante rico; nada más deseo, nada más busco".[1]

Semblanza personal:

Su nombre: Iñigo López de Loyola. Nació en el castillo de su familia, ubicado en Loyola, en el país Vasco, España. Vivió en la misma época en la que en Alemania, Suiza y otros países europeos surgió el protestantismo luterano y otros movimientos reformadores.

Acerca de su juventud, poco se sabe. Quedó huérfano de padre cuando tenía aproximadamente catorce años. En 1517, el mismo año en el que Lutero publicó las *Noventa y cinco tesis*, Ignacio ingresó al ejército y en 1521 sufrió una herida en una pierna causada por una bala de cañón en un enfrentamiento con los franceses. Así puso fin a su carrera militar.

En el tiempo de recuperación, estando en el castillo de Loyola y no teniendo más que hacer, se dedicó a la lectura. Leyó *La vida de Cristo*, de Ludolfo de Sajonia (monje cartujo del siglo XIV), *Imitación de Cristo*, de Tomás de Kempis (una

---

1 Ignacio de Loyola, en: Fulgencio Espa, *31 Meditaciones con el Evangelio*, Madrid, Ediciones Palabra, 2015.

de las más acreditadas obras de la espiritualidad cristiana, escrita por un monje agustiniano nacido un siglo antes de Ignacio) y las historias de Francisco de Asís. Decidió, entonces, vivir la fe como un soldado de Cristo. Ingresó al monasterio de Manresa.

El 25 de marzo de 1522 viajó a pie desde el monasterio de Monserrat (Barcelona) a Manresa, que estaba a más de veinte kilómetros de distancia. Allí vivió once meses. Su lugar preferido era una cavidad (cueva) sobre el río Cardener donde experimentó visiones místicas y escribió su obra más conocida, *Ejercicios espirituales*.

En 1528 ingresó en la Universidad de París, donde estudió teología y literatura. Se rodeó de un grupo de siete amigos quienes juraron servir al Señor juntos y dejar todas las cosas del mundo. Ellos fundaron la Compañía de Jesús u orden de los jesuitas. Entre esos amigos estaban Francisco Javier y Pedro Fabro. El papa Paulo III confirmó en 1540 la nueva orden religiosa cuya estructura se definió en las *Constituciones*, obra escrita por Ignacio en 1544.

De su cofre de joyas espirituales:

"En los que progresan espiritualmente, la acción del ángel bueno es suave, ligera, dulce, como una gota de agua entrando en una esponja. La acción del Espíritu malo es violenta, ruidosa, perturbadora, como una gota de agua cayendo sobre una roca. En las lamas que van de mal en peor, la acción de estos dos espíritus es lo opuesto.

La causa de esta diferencia es la disposición del alma que es contraria o similar a los espíritus mencionados anteriormente. Cuando la disposición del alma es contraria a la de los espíritus, estos entran en ella con ruido y perturbaciones que se perciben fácilmente. Cuando la disposición del alma y la de los espíritus es similar, estos entran silenciosamente como en el que entra a su propia casa a través de una puerta abierta".[2]

"El examen de conciencia es siempre el mejor medio para cuidar bien el alma".

Enseña la Biblia:

"Estén atentos y no dejen que los esclavicen el vicio, las borracheras o las preocupaciones de esta vida, con lo que el día aquel caería por sorpresa sobre ustedes. Porque será como una trampa en la que quedarán apresados todos los habitantes de la tierra. Estén, pues, alerta y no dejen de orar, para que consigan escapar de lo que va a suceder y puedan mantenerse en pie delante del Hijo del hombre".

(Lucas 21:34-36)

Nos preguntamos hoy:

Los ejercicios espirituales de Ignacio son una invitación a la revisión de nuestra vida con sus acciones, motivaciones y fines. Cinco siglos después siguen vigentes; están ahí para recordarnos la necesidad de examinar la conciencia y cuidar

---

2 Ignacio de Loyola, citado por: Richard J. Foster y James Bryan Smith, *Devocionales clásicos*, El Paso, Editorial Mundo Hispano, 2004, pp. 264-265.

bien el alma. Preguntémonos: ¿Cómo ejercitarnos mejor en el difícil, pero necesario arte, de cuidar nuestra vida espiritual y examinar el alma?

Nadie puede conocer la verdad de Cristo a no ser que lo siga en la vida. *****

HANS DENCK

Harold Segura C.
2019

Hans Denck

(1495 - 1527)

Dijo Hans:

"Nadie puede conocer la verdad de Cristo a no ser que lo siga en la vida"[1].

Semblanza personal:

La Reforma luterana no fue la única reforma religiosa del siglo XVI; vinieron otras, entre ellas la Reforma Radical. Esta se originó en Suiza, entre un grupo de pensadores jóvenes que se opusieron a otro gran reformador, Ulrico Zwinglio (1484-1531) por su sometimiento a los magistrados y su negativa a hacer una reforma más radical de la Iglesia. Para ellos, la Reforma luterana no era suficiente, ni tampoco la de Zwinglio. Los seguidores de este nuevo movimiento se bautizaban por inmersión (razón por la cual fueron conocidos como rebautizadores, o anabautistas). Esa práctica fue severamente castigada por las demás iglesias y muchos de aquellos primeros anabautista sufrieron la persecución y aún la muerte.

Hans Deck fue uno de los dirigentes de este movimiento radical. Era uno de los más preparados (grado en la Univer-

---

1 Hans Denck, Lo que pretende que digan las Escrituras, en: Textos escogidos de la Reforma Radical (Jhon Howard Yoder, compilador), Buenos Aires, Editorial La Aurora, 1976, p. 224.

sidad de Ingolstadt en latín, griego y hebreo), al mismo tiempo que de los más polémicos. Nació en Habach, Alemania. Maestro de lenguas y rector de la escuela de San Sebaldo, en Núremberg. Contrajo matrimonio allí y debió salir ese mismo año después de enfrentar un juicio ante el gobierno de la localidad. Se le acusaba de herejía. Poco tiempo después llegó a San Gallen donde conoció a varios anabautistas y se identificó con ellos.

Estando en Augsburgo, recibió el bautismo por inmersión por otro destacado dirigente anabautista, Baltasar Hubmaier (1485-1528). En poco tiempo, Denck alcanzó un lugar sobresaliente entre los anabautistas del sur de Alemania.

En 1526 llegó a Estrasburgo y permaneció junto a Ludwig Haetzer (1500-152) un anabautista suizo, escritor de temas controversiales acerca de las imágenes en la adoración, la humanidad de Jesús y la unidad de Dios. Juntos tradujeron al alemán los libros de los profetas del Primer Testamento.

Denck regresó a Basilea, Suiza, ciudad donde murió el 27 de noviembre de 1527 de peste bubónica.

De su cofre de joyas espirituales:

"Pero el medio es Cristo, a quien nadie puede reconocer bien, a no ser que lo siga en la vida. Y nadie lo puede seguir si no lo reconoce antes. Quien no lo reconoce, no lo tiene, y no puede llegar al Padre sin él. Pero quien lo reconozca y no atestigüe eso con su conducta, será juzgado junto con otros pervertidos, sin tener en cuenta que antes ha sido llamado y aceptado en la comunidad del Evangelio, de lo cual uno no puede consolarse de otra manera, que por la negación de sí mismo"[2].

Enseña la Biblia:

"Luego, dirigiéndose a sus discípulos, Jesús añadió: —Si alguno quiere ser discípulo mío, deberá olvidarse de sí mismo, cargar con su cruz y seguirme. Porque el que quiera salvar su vida, la perderá; pero el que entregue su vida por causa de mí, ese la encontrará. ¿De qué le sirve a uno ganar el mundo entero, si pierde su propia vida? ¿O qué podrá dar el ser humano a cambio de su vida? El Hijo del hombre ya está a punto de venir revestido de la gloria de su Padre y acompañado de sus ángeles. Cuando llegue, recompensará a cada uno conforme a sus hechos. Les aseguro a ustedes que algunos de los que están aquí no morirán sin antes haber visto al Hijo del hombre llegar como Rey".

(Mateo 16:24-28)

Nos preguntamos hoy:

El Evangelio no nos pide que creamos en Jesús, sino que lo sigamos. Creer es seguirlo, es considerar su vida como el modelo de la nuestra y sus causas como razón de nuestra vida. Es encarnar hoy la causa de su Reino (reinado de Dios) y vivir bajo el amparo de su gracia. Preguntémonos: ¿Qué significa para nosotros seguir al Señor?

---

2 Ibid. P. 224.

La verdadera fe evangélica no puede quedarse inactiva. Ella se manifiesta en toda justicia y obras de amor.

MENNO SIMONS

Harold Segura C.
2019

Menno Simons

(1496 - 1561)

Dijo Menno:

"Porque la verdadera fe evangélica es de tal naturaleza que no puede quedarse inactiva, sino que se manifiesta en toda justicia y obras de amor"[1].

Semblanza personal:

Menno Simons es el fundador de las iglesias menonitas, las que hoy tienen más de dos millones de fieles distribuidos en casi noventa países del mundo[2]. Nació en la provincia de Frisia (Sacro Imperio Germánico y hoy perteneciente a los Países Bajos). Muy joven fue ordenado sacerdote católico. Leyó también desde temprana edad los escritos de Martín Lutero y otros líderes del movimiento anabautista.

Siendo párroco, decidió abandonar la Iglesia católica y se unió a un grupo anabautista pacifista. No mucho tiempo después fue reconocido como un destacado dirigente de ese movimiento reformador. La historia del anabautismo

---

1 Menno Simons, *The Complete Writings of Menno Simons*, citado por: Carlos Martínez García en: Menno Simons: Misión integral y construcción de paz, en: http://protestan-tedigital.com/magacin/40153/Menno_Simons_mision_integral_y_constructor_de_paz

2 Según las cifras reportadas para el año 2018 por el Congreso Mundial Menonita. Ver: https://mwc-cmm.org/article/mapa-estadisticas?language=es

holandés está ligada a su nombre, razón por la cual se les llamó menonitas.

Viajó por diferentes lugares predicando el mensaje y, en cumplimiento de su labor, fue víctima de muchas persecuciones. El 21 de enero de 1539 se promulgó un edicto en la provincia de Groningen, ordenando la expulsión de todos los anabautistas. Menno huyó hacia Friesland. El emperador Carlos V expidió entonces un edicto contra Menno poniendo precio a su cabeza: cien florines de oro. Por este edicto, a la gente se le prohibía brindarle refugio o darle comida.

Mientras siguieron las ejecuciones contra los anabautistas, Menno continuó predicando en Amsterdan y en el norte de Alemania donde vivió los últimos dieciocho años de su vida. Fue un consagrado predicador, pastor, organizador de comunidades cristianas y escritor de textos teológicos. Entabló acaloradas controversias con varios de los líderes anabautistas. Recalcaba que la iglesia era una comunidad de creyentes confirmados por medio del bautismo de adultos, entrelazados por una relación de mutuo compromiso comunitario y defensores de la paz. Su fundamento de fe eran las Escrituras, por lo tanto, en sus formulaciones cristianas evitaba usar otros términos que no estuvieran en ellas. Hoy se le reconoce como un anabautista pacifista.

Murió en Wüstenfelde, cerca de Lubeck.

De su cofre de joyas espirituales:

"Porque la verdadera fe evangélica es de tal naturaleza que no puede quedarse inactiva, sino que se manifiesta en toda justicia y obras de amor; muere a la carne y sangre; destruye todas las pasiones y deseos prohibidos; busca, sirve y teme a Dios; viste a los desnudos; alimenta a los hambrientos; consuela a los afligidos; alberga a los desamparados; ayuda y consuela a los entristecidos; devuelve bien por mal; sirve a los que le hacen daño; ora por quienes le persiguen; enseña, aconseja y reprende con la Palabra del Señor; busca a los perdidos; venda a los heridos; sana a los enfermos y salva a los débiles; se convierte en todas las cosas para todas la gente".[3]

Enseña la Biblia:

"Solidarícense con las necesidades de los creyentes; practiquen la hospitalidad; bendigan a los que los persiguen y no maldigan jamás. Alégrense con los que están alegres y lloren con los que lloran. Vivan en plena armonía unos con otros. No ambicionen grandezas, antes bien pónganse al nivel de los humildes. Y no presuman de inteligentes. A nadie devuelvan mal por mal. Esfuércense en hacer el bien ante cualquiera. En cuanto de ustedes dependa, hagan lo posible por vivir en paz con todo el mundo. Y no se tomen la justicia por propia mano, queridos míos; dejen que sea Dios quien castigue..."
(Romanos 12:13-19)

Nos preguntamos hoy:

La fe cristiana de acuerdo con el Segundo Testamento se expresa de manera práctica y concreta en una comunidad de

---

3 Op. cit. Carlos Martínez García.

fe local (iglesia). Menno Simons fue un entusiasta promotor de esta fe comunitaria. Preguntémonos: ¿Qué significa para nuestra época vivir la fe en una comunidad cristiana? ¿Qué pautas nos enseña el apóstol Pablo?

Nada te turbe, nada te espante, todo se pasa. Dios no se muda. La paciencia todo lo alcanza. Quien a Dios tiene nada le falta.

TERESA DE ÁVILA

Harold Segura C.
2019

Teresa de Ávila

(1515 - 1582)

Dijo Teresa:

"Nada te turbe, nada te espante. Todo se pasa, Dios no se muda. La paciencia todo lo alcanza; Quien a Dios tiene nada le falta. Sólo Dios basta".

Semblanza personal:

Su nombre: Teresa de Cepeda y Ahumana. Nació en Ávila, España, el 28 de marzo de 1515. Tuvo dos hermanas y nueve hermanos. Su padre y sus abuelos eran judíos y de niños habían sufrido la persecución de la Inquisición en Toledo. Ella, en contra de la voluntad de su padre, ingresó en un convento carmelita en Ávila a los veintiún años de edad. Poco tiempo después enfermó y pasó mucho tiempo con muchas limitaciones.

Gozaba de gran simpatía entre la gente del pueblo. La gente acudía al convento para conversar con ella, aunque Teresa, a veces, se quejaba de estar restando tiempo a su vida de oración que era la razón principal por la cual estaba allí. En 1555 tuvo una experiencia espiritual que implicó nuevos cambios para su vida consagrada. Ella la llamó "una segunda conversión". Veía visiones de Cristo herido y de una lanza que atravesaba su corazón.

En el convento y por esta época, Teresa dirigió un gran movimiento de reforma dentro de las carmelitas del que surgieron las carmelitas descalzas y también una rama masculina. Para esta última labor, contó con la asistencia de Juan de la Cruz (1542-1591). Él se encargó de los carmelitas descalzos. A Teresa se le reconoce ser la única mujer que ha fundado una orden para mujeres y otra para hombres.

Su primera obra escrita fue una autobiografía, *Libro de la vida*. Descubrió su talento como escritora de temas de la vida espiritual. Su obra más famosa es *Las moradas*, o *Castillo interior*, escrita siguiendo una visión. La escribió durante 1577 y pasada una década, Fray Luis de León fue su editor. Se publicó en 1588 en Salamanca, España.

Sus escritos provocaron la persecución de la Inquisición, primero por sus meditaciones sobre el Cantar de los Cantares y luego por su autobiografía. Escritos que, según el Santo Oficio, contenían cuestiones espirituales delicadas y contiguas con la herejía.

Murió en Alba de Tormes en 1582.

De su cofre de joyas espirituales:

"Fíe de la bondad de Dios, que es mayor que todos los males que podemos hacer, y no se acuerda de nuestra ingratitud, cuando nosotros, conociéndonos, queremos tornar a su amistad… Acuérdense de sus palabras y miren lo que ha hecho conmigo, que primero me cansé de ofenderle, que Su Majestad dejó de perdonarme. Nunca se cansa de dar ni se pueden agotar sus misericordias; no nos cansemos nosotros de recibir. Sea bendito para siempre, amén, y alábenle todas las cosas".[1]

Enseña la Biblia:

"Rasguen su corazón en lugar de sus vestidos; vuélvanse al Señor, su Dios, que es misericordioso y compasivo, lento para airarse y lleno de amor, siempre dispuesto a no hacer mal. Quizá se decida a no hacer daño y a sembrar bendiciones a su paso: ofrendas y libaciones para el Señor, su Dios."

(Joel 2:13-14)

Nos preguntamos hoy:

Dios es amor y, como tal, actúa con misericordia y ternura. Teresa lo entendía así, aunque en su época se presentaba a Dios como un ser castigador que sancionaba con terribles castigos. Preguntémonos: ¿Qué efectos tendría para la educación religiosa enseñar la fe a los niños, niñas, adolescentes y jóvenes a partir del rostro amoroso, perdonador y tierno del Señor?

---

1 Teresa de Ávila, *El libro d la vida*, en: *Obras selectas*, Edimat Libros, Madrid, 2015, p. 130.

450 años de la publicación de la Biblia del Oso (1549 - 2019)

C. de Reina - C. de Valera

Harold Segura C.
2019

Casiodoro de Reina

(1520 - 1594)

Dijo Casiodoro:

"Cómo guardará, o el viejo, o el mozo la palabra de Dios, o cómo les será lumbre en sus caminos, cuando no la conocen".[1]

Semblanza personal:

Casiodoro fue un monje católico del convento de San Isidoro del Campo, de Sevilla, España. Por aquellos años, mediados del siglo XVI y por esos lugares, había brotado un incipiente movimiento luterano, simpatizante del protestantismo alemán. Casiodoro, junto con otros once monjes se fugaron a Ginebra en 1557. Cuando llegaron, el protestantismo estaba en pleno furor. Pero, fueron no solo para beber de las fuentes de los reformadores, sino también para evaluarlas. Lo que vieron en Juan Calvino (1509-1564) no les agradó; se les pareció a "otra Roma". Casiodoro marcó distancias con Calvino y no permaneció mucho tiempo en aquella ciudad.

Cuando Isabel (1533-1603), ascendió al trono como reina de Inglaterra, se trasladó allá en compañía de tres monjes también fugitivos de su mismo convento: Francisco

---

1 Casiodoro de Reina, *Exhortación al cristiano lector de la Sagrada Escritura*, en: *Sagrada Biblia. Traducción de Casiodoro de Reina y traducción de Cipriano de Valera*, (edición facsimilar), Madrid, Sociedad Bíblica Unida, 1990.

Farías Juan de Molina y Cipriano de Valera. A los dos años de estar en Ginebra fue nombrado pastor de una comunidad (no católica) integrada por españoles que vivían en Londres. En ese mismo año redactó una Confesión de Fe que presentó para su consideración ante un grupo de dirigentes de la Iglesia Francesa.

Fue en la capital de Inglaterra donde comenzó la traducción de la Biblia en castellano. Era un proyecto que había iniciado antes en compañía de Antonio del Corro y Juan Pérez, ambos exmonjes. Este magno proyecto no lo pudo terminar en la fecha propuesta porque fue acusado y perseguido como hereje y homosexual. Huyó hacia Frankfort, lugar donde pudo terminar el proyecto de traducción de la Biblia que fue publicada en Basilea, Suiza, en 1569. La primera publicación tuvo una tirada de 2600 copias.

Su pasión por los estudios bíblicos y el trabajo pastoral fueron sus dos vocaciones más queridas. En 1573 publicó dos comentarios bíblicos, uno sobre el cuarto Evangelio y otro sobre un capítulo de Mateo. Se mantuvo como miembro de la iglesia reformada francesa y amigo personal de renombrados líderes luteranos. En 1581 un grupo de colegas lo propuso como inspector eclesiástico u obispo de la Iglesia Luterana en Amberes, Pero tres años después, las tropas españolas ocuparon esta ciudad y dieron plazo a los protestantes para dejarla. Casiodoro se fue hacia Fráncfort y allí organizó una iglesia luterana de habla francesa. Murió el 15 de marzo de 1594. Su esposa Ana vivió por dieciocho años más.

De su cofre de joyas espirituales:

"Porque el ignorar la Escritura causa las herejías [...], los que nunca leen la Escritura Sagrada, ni saben qué cosa es. Hablo del vulgo ignorante, que se llama cristiano: los cuales engañados de sus falsos profetas, creen y así lo dicen la Biblia ser un libro maldito y descomulgado, lleno de herejías [...] Que mucho mayor daño causa la Lección de la sagrada Escritura en lengua vulgar, que leer los libros de los filósofos paganos, y que por ello se prohíbe lo primero, y no lo segundo"[2].

Enseña la Biblia:

"Tu palabra es antorcha de mis pasos, es la luz en mi sendero. Hice un juramento y lo mantengo: guardaré tus justos decretos. Señor, es intenso mi dolor, hazme vivir según tu promesa. Acepta, Señor, las plegarias de mi boca y enséñame tus decretos. Siempre estoy en peligro, pero no olvido tu ley".
(Salmo 119: 105-109)

Nos preguntamos hoy:

Las Escrituras nos hablan del amor de Dios, de su proyecto de justicia y vida plena y nos presentan al Dios hecho humano: Jesús, Maestro y Señor. ¡Qué importantes son para nuestras vidas! Preguntémonos: ¿De qué manera pudiéramos crecer en el conocimiento de las Escrituras y en la práctica de sus enseñanzas?

---

2 Ibid.

Para estar con Dios no es necesario estar siempre en la iglesia. Nuestro corazón es el mejor oratorio.

HERMANO LORENZO

Harold Segura C.
2019

Hermano Lorenzo

(1605 - 1691)

Dijo Lorenzo:

"No es necesario para estar con Dios estar siempre en la iglesia. Podemos convertir nuestro corazón en un oratorio, donde podamos retirarnos de tanto en tanto, para conversar con Él en mansedumbre, humildad, y amor.".[1]

Semblanza personal:

La pequeñez era la mayor grandeza del Hermano Lorenzo. Era cocinero y zapatero en un monasterio de la Orden de Carmelitas Descalzos donde ingresó pasados los cincuenta años de edad. Su nombre era Nicolás Herman y había nacido en el seno de una familia pobre de Lorraine, Francia. Para escapar de la pobreza se alistó en el ejército. En una de las batallas que enfrentó, sufrió una herida que lo obligó a abandonar la vida militar. Nunca se recuperó de esas lesiones, por lo que cojeaba cuando caminaba.

En 1666, a la edad de sesenta y un años, entró a los Carmelitas Descalzos en la calle Vaugirard de París. Siendo que no gozaba de grandes aptitudes —era torpe, según él mismo lo decía—, las autoridades del monasterio le encargaron las

---

1 Hermano Lorenzo, *La práctica de la presencia de Dios*, Miami, Editorial Peniel, p.66.

tareas de la cocina y, de vez en cuando, el arreglo de las sandalias de los monjes. Como cocinero y zapatero llegó a ser
conocido como "el servidor de los servidores de Dios".

Su deseo en el monasterio era estar siempre en la presencia del Señor, pero ¿cómo lograrlo si no tenía tiempo para
asistir a la iglesia por las ocupaciones de la cocina? Descubrió
que también Dios estaba en la cocina y que, pelando papas,
lavando ollas y arreglando sandalias podía experimentar la
divina presencia.

El cardenal Beraufort sostuvo con él varias conversaciones queriendo indagar el secreto de su espiritualidad. Esas
conversaciones fueron publicadas después de la muerte de
Lorenzo, al igual que algunas cartas y notas personales. Al
igual que el Cardenal, muchas personas fueron atraídas por
la vida del cocinero francés y acudían a él para conocer la
riqueza de su espiritualidad.

Murió el 12 de febrero de 1691, a los ochenta y seis años
de edad. Casi nunca salió del monasterio, sin embargo, su legado se convirtió en uno de los clásicos de la espiritualidad
cristiana, con amplia influencia en el pensamiento místico de
su época. Se dice que su pequeño libro, *La práctica de la presencia de Dios*, se ha traducido a más idiomas que cualquier
otro libro, fuera de la Biblia.

De su cofre de joyas espirituales:

"Nuestra santificación no depende del cambio de activida-
des, sino de hacer para Dios todo aquello que comúnmente
hacemos para nosotros mismos. [Es lamentable] ver como

muchas personas confunden los medios con los fines, al de-
dicarse a ciertos trabajos que eran hechos con muchas imperfecciones, debido a sus consideraciones humanas egoístas.
El método más excelente... para ir a la presencia de Dios
[es hacer] las cosas más comunes sin ningún interés de agradar a los hombres, sino, hasta donde seamos capaces, pura-
mente por amor de Dios"[2].

Enseña la Biblia:

"Pongan el corazón en lo que hagan, como si lo hicieran para
el Señor y no para gente mortal. Sepan que el Señor les dará
la herencia eterna como premio y que son esclavos de Cristo,
el Señor. En cuanto al que se comporte mal, Dios le dará su
merecido sin favoritismo alguno.".
(Colosenses 3:23-25)

Nos preguntamos hoy:

Dividir la vida religiosa de la vida secular, o lo espiritual de lo
material, conduce muchas veces a excluir a Dios de nuestra
cotidianidad y reducirlo a los templos. El Evangelio nos invita
a vivir la fe en todo cuanto somos, hacemos, pensamos y vivimos. Preguntémonos: ¿Cómo integrar la fe a la vida social,
política, familiar y cultural? ¿A qué se refiere el apóstol Pablo
cuando dice «pongan el corazón en todo lo que hagan»"?

---

2 Ibid., p. 27.

Haz todo el bien que puedas, por todos los medios que puedas, de todas las maneras que puedas... a todos cuanto puedas y tanto como puedas

JOHN WESLEY

Harold Segura C.
2019

John Wesley

(1730 - 1791)

Dijo Wesley:

"Haz todo el bien que puedas por todos los medios que puedas, de todas las maneras que puedas en todos los lugares que puedas, en cualquier tiempo que puedas, a toda la gente que puedas, y tanto como tú puedas".

Semblanza personal:

Hijo de Samuel Wesley, clérigo anglicano, y de Susana. Es el fundador del metodismo, una denominación cristiana que hoy cuenta con más de noventa millones de fieles en todo el mundo. Fue el decimoquinto hijo de una numerosa familia formada dentro de las tradiciones religiosas conservadoras de la Alta Iglesia de Inglaterra. A los veinticinco años de edad, John fue ordenado sacerdote anglicano y miembro del *Lincoln College*, en Oxford. Estando en esta ciudad, se unió a un grupo donde participaba su hermano Charles y unos amigos que se reunían para cultivar su vida espiritual. Oraban, ayunaban, estudiaban la Biblia y practicaban otras disciplinas espirituales con un método riguroso. Ese diseño metódico que le dieron a su vida espiritual condujo a que en la universidad de refirieran a ellos como los metódicos, o *metodistas*.

Creció bajo el rigor de esa fe religiosa, pero el 24 de

mayo de 1738 tuvo una experiencia que cambió su forma de concebir y vivir la fe. Asistió a un grupo de estudio bíblico y oración donde se leyó la parte introductoria del comentario escrito por Martín Lutero a la Epístola a los Romanos. Wesley escribió después acerca de esa experiencia atestiguando que allí había comprendido mejor el amor misericordioso del Señor y el llamamiento para seguir el Evangelio de una manera diferente.

Sintió, entonces, ardor por predicar el Evangelio y reformar la Iglesia. Por este tiempo conoció en Herrnhut, Alemania, al conde Nicolaus Ludwig von Zinzendorf (1700-1760), fundador de la Iglesia Morava. Después regresó a Inglaterra para empezar la gran vocación de su vida: reformar a la nación, en particular a la Iglesia y proclamar por toda la Gran Bretaña la santidad conforme se enseña en las Escrituras.

En 1639 se dedicó a la predicación itinerante, al aire libre y en los campos. Esta modalidad de ministerio evangelizador lo puso muy cerca de la gente que lo escuchaba con gusto, aunque las iglesias se mostraban renuentes a su doctrina evangélica. Recorrió Inglaterra y después salió hacia Irlanda, Escocia y envió predicadores a Norteamérica.

Murió el 2 de marzo de 1791, a los ochenta y siete años de edad.

De su cofre de joyas espirituales:

"Echemos una mirada, en segundo lugar, a la propagación de este cristianismo de una persona a otra, y cómo va extendiéndose por toda la tierra. Esta fue la voluntad de Dios desde el principio, quien no enciende una luz para ponerla debajo de un almud, sino sobre el candelero para que alumbre a todos los que están en casa...Y si suponemos que algunas de estas personas amantes del género humano ven al mundo entero sumergido en la maldad, ¿podríamos creer que serían indiferentes ante la visión de la miseria de aquéllos por quienes su Señor murió? ¿No se conmoverían sus entrañas por ellos, y sus corazones a causa de tanto mal?"[1].

Enseña la Biblia:

"No quiero que ignoren, hermanos, las muchas veces que he intentado visitarlos, sin éxito hasta el momento. Abrigaba la ilusión de cosechar también entre ustedes algún fruto, lo mismo que en otras regiones paganas, ya que me debo por igual a civilizados y a no civilizados, a sabios y a ignorantes. Así que, en cuanto de mí depende, estoy enteramente dispuesto a proclamar la buena noticia también entre ustedes, los que residen en Roma. No me avergüenzo de anunciar esta buena noticia, que es fuerza salvadora de Dios para todo creyente, tanto si es judío como si no lo es".

(Romanos 1:13-15)

Nos preguntamos hoy:

La pasión evangelizadora de Wesley nos recuerda el afán misionero del apóstol Pablo quien se sentía deudor del Evange-

---

1 John Wesley, *Obras de Wesley*, Tomo I, (editor: Justo L. González), Henrico, NC. Wesley Heritage Foundation, Inc., 1994, pp.83-84.

lio a todo el mundo. Preguntémonos: ¿Cómo anunciar hoy la buena nueva del Reino de Dios sin afanes proselitistas, con respeto por las creencias de toda persona y acompañada de una actitud servicial y humilde?

PARA AMARTE AQUÍ EN LA TIERRA SOLO TENGO HOY

TERESITA DE LISIEUX

Harold Segura C.
2019

Teresa de Lisieux

(1873 - 1897)

Dijo Teresa:

"Mi vida es un instante, una efímera hora, momento que se evade y que huye veloz. Para amarte, Dios mío, en esta pobre tierra no tengo más que un día: ¡sólo el día de hoy!"[1].

Semblanza personal:

Su nombre completo era María Francisca Teresa Martin Guérin. Se le conoce como Teresa del Niño Jesús o, simplemente Teresita. Nació el 2 de enero de 1873, en Lisieux, al noroeste de Francia, en el seno de una familia de clase media. Su madre murió cuando ella tenía cuatro años de edad. Teresa era la menor de sus cuatro hermanas. Ellas fueron cuidadas por su papá, un relojero piadoso. Luis Martín, su padre, asumió la función de papá y mamá con ternura, con el apoyo de sus otras hijas que lo ayudaron en la crianza de Teresa.

A los quince años entró en el convento carmelita de Lisueux donde dos hermanas mayores ya habían ingresado. Toda su vida la vivió en ese convento hasta su muerte

En su autobiografía, *Historia de un alma*[2], escribe acerca

---

1 Teresa de Lisieux, *Mi canto hoy*, en: Obras completas de Teresa de Lisieux, Madrid, Biblioteca de Autores Cristianos, 2018.

2 Teresa de Lisieux, *Historia de un alma, Autobiografía espiritual*, Buenos Aires, Bonum, 2007.

de su experiencia espiritual y su manera de comprender la fe. Esta es una de las obras clásicas de la espiritualidad cristiana de los últimos siglos. Desde sus primeros años de edad se había propuesto vivir una vida santa y en su libro cuenta sus esfuerzos y experiencias tras esa meta. Su método de vida cristiana no usa el estilo ostentoso de los grandes escritores clásicos. Ella lo llama, "su caminito", que consistía en vivir la fe en las acciones de cada día y aceptar los padecimientos que vinieran con fe y esperanza. Porque la vida cristiana se vive, según lo decía, como un caminito que duerme sin miedo en los brazos de su padre. No se consideraba una cristiana admirable, sino solo una florecilla, querida por el Señor, pero sin más pretensiones que esa.

A la corta edad de veintitrés años enfermó. El médico informó acerca de un tumor de gravedad. En su último año de vida, mantuvo correspondencia con dos sacerdotes misioneros, uno de ellos enviado a Canadá y otro a China. Teresa oraba por ellos. Murió de tuberculosis el 30 de septiembre de 1897 a la edad de veinticuatro años.

De su cofre de joyas espirituales:

"Tu amor me rodeó desde mi infancia, creció conmigo y ahora me rodea como un abismo insondable. El amor atrae al amor. Por eso, Jesús mío, mi amor se lanza hacia Ti. Querría colmar el abismo que lo atrae pero ni siquiera es una gota de rocío perdida en medio del océano. Para amarte como tú me amas necesito apropiarme de tu amor, solo entonces encuentro el reposo. Tal vez sea una ilusión, Jesús mío, pero me parece que no puedes colmar más de un alma de amor como lo hiciste conmigo"[3]

Enseña la Biblia:

"¿Quién podrá arrebatarnos el amor que Cristo nos tiene? ¿El sufrimiento, la angustia, la persecución, el hambre, la desnudez, el peligro, el miedo a la muerte?... Pero Dios, que nos ha amado, nos hace salir victoriosos de todas estas pruebas. Estoy seguro de que ni muerte, ni vida, ni ángeles, ni potestades cósmicas, ni lo presente, ni lo futuro, ni poderes sobrenaturales, ni lo de arriba, ni lo de abajo, ni cualquier otra criatura, será capaz de arrebatarnos este amor que Dios nos tiene en Cristo Jesús, Señor nuestro".

(Romanos 8:35, 37-39)

Nos preguntamos hoy:

¿Quién o qué podría separarnos del amor de Dios? Nada ni nadie, responde el apóstol Pablo y lo atestigua Teresita. En medio de las pruebas y dolores, el amor de Dios siempre estuvo presente. Quien se siente amado por Dios, vive con amor y sirve con dulzura. Preguntémonos: ¿En qué situaciones cotidianas podríamos retribuir y agradecer el amor de Dios, siendo también personas amorosas?

---

3 Ibid., p.276.

Señor, concédenos serenidad para aceptar lo que no podemos cambiar. Valor para cambia las que podemos. Sabiduría para saber la diferencia.

REINHOLD NIEBUHR

Harold Segura C.
2019

Reinhold Niebuhr

(1892 - 1971)

Dijo Reinhold:

"Señor, concédeme serenidad para aceptar todo aquello que
no puedo cambiar, fortaleza para cambiar lo que soy capaz de
cambiar y sabiduría para entender la diferencia".

Semblanza personal:

Karl Paul Reinhold Niebuhr nació el 21 de junio de 1892 en la
ciudad de Wright, Missouri, Estados Unidos. Fue un destacado teólogo, politólogo (teórico del realismo político) y pastor
en la ciudad de Detroit hasta 1928. Fue profesor en el *Union
Theological Seminary*, desde 1939 hasta 1960.

Hijo de Gustav y Lydia Niebuhr, inmigrantes de Alemania. Su padre era pastor de la iglesia evangélica. Su hermano,
H. Richard Niebuhr (1894-1962) también fue un destacado
teólogo, especializado en ética teológica, y su hermana Clara
August Hulda Niebuhr (1889-1959), profesora de teología en
una reconocida institución teológica de Chicago.

Reinhold inició su ministerio pastoral a la edad de veintiún años, por un breve período de cinco meses, como pastor
interino. Desde el inicio de su labor pastoral se comprometió
con las luchas sociales de los trabajadores. En muchas ocasiones participó, junto con otros pastores y clérigos, en acciones

políticas organizadas por movimientos socialistas y pacifistas. Era conocido no solo como orador extraordinario, sino también como uno de los intelectuales de mayor influencia pública. Su *realismo político* lo condujo a debatir con el liberalismo teológico de aquellos años. Los consideraba optimistas ingenuos al desconocer la compleja realidad de la naturaleza humana, sobre todo en asuntos políticos. También debatía con los teólogos conservadores por su visión cándida de la Escrituras. Rechazaba el perfeccionismo cristiano y criticaba a los grupos privilegiados de la sociedad. Era un terco luchador a favor de la justicia social.

Reinhold propuso un "realismo cristiano" consistente por lo menos en dos aspectos: su rechazo al perfeccionismo cristiano, pues consideraba que el cristiano sigue siendo pecador pese a sus esfuerzos por superar esa limitación. Y, también, realismo en sentido de criticar la tendencia de los grupos sociales por mantener sus privilegios, situación que sólo se puede sortear mediante la apelación a la justicia y a normas políticas concretas.

Fue un intelectual de amplio reconocimiento internacional. En los Estados Unidos fue galardonado con la Medalla Presidencia de la Libertad en 1964. Sus libros más conocidos son *El hombre moral en una sociedad inmoral*[1] y *La naturaleza y destino del hombre*[2] que está en la lista de los 20 mejores libros del siglo XX, según *Modern Library*.

---

[1] Reinhold Niebuhr, *El hombre moral y la sociedad inmoral. Un estudio sobre ética y política*, Buenos Aires, Ediciones Siglo Veinte, 1966.

[2] Reinhold Niebuhr, *The Nature and Destiny of Man: A Christian Interpretation*, (2 volúmenes), Prentice Hall vol. 1. Westminster John Knox Press 1996 2 volúmenes, 1980.

Fue profesor visitante en las universidades de Harvard y Princeton.

Se le atribuye haber escrito la Oración de la Serenidad, popularizada en todo el mundo por los grupos de Alcohólicos Anónimos (AA).

De su cofre de joyas espirituales:

"Señor, concédeme serenidad para aceptar todo aquello que no puedo cambiar, fortaleza para cambiar lo que soy capaz de cambiar y sabiduría para entender la diferencia. Viviendo día a día; disfrutando de cada momento; sobrellevando las privaciones como un camino hacia la paz; aceptando este mundo impuro tal cual es y no como yo creo que debería ser, tal y como hizo Jesús en la tierra: así, confiando en que obrarás siempre el bien; así, entregándome a Tu voluntad, podré ser razonablemente feliz en esta vida y alcanzar la felicidad suprema a Tu lado en la próxima. Amén".

Enseña la Biblia:

"Les dejo la paz, mi paz se la doy. Una paz que no es la que el mundo da. No vivan angustiados ni tengan miedo. Ya han oído lo que les he dicho: "Me voy, pero volveré a estar con ustedes". Si de verdad me aman, deben alegrarse de que vaya al Padre, porque el Padre es mayor que yo. Se lo he dicho a ustedes ahora, por adelantado, para que, cuando suceda, no duden en creer".
(Juan 14:27-29)

Nos preguntamos hoy:

La serenidad y paz que Dios nos ofrece, no es como la que se ofrece en el mercado de ciertas religiosidades populares. No es paz a cualquier precio y en cualquier situación. Es una paz que se vive también en medio del dolor, la inconsecuencia humana y el fracaso. Preguntémonos: ¿Cómo se expresa la serenidad y paz que nos da el Señor en un mundo lleno de dolores e injusticias?

Quisiera ser el corazón pensante de todo un campo de concentración...

ETTY HILLESUM

Harold Segura C.
2019

Etty Hillesum

(1914 - 1943)

Dijo Etty:

"Quisiera ser el corazón pensante de todo un campo de concentración"[1].

Semblanza personal:

El 15 de enero de 1914 nació en Mildeburg, Holanda; Esther "Etty" Hillesum quien, junto con Anna Frank (1929-1945), se les conoce por sus cartas escritas desde los campos de concentración. A través de ellas conocemos los horrores del nacismo tanto como la nobleza del valor humano para resistir a ellos con esperanza. El 5 de junio de 1943, antes de ser internada y teniendo veintinueve años de edad, le confió a su amiga María Tuzing varias libretas en los que había escrito sus diarios. Estos fueron publicados muy tarde, en 1981 y, desde entonces se habla de ellos como uno de los más grandes legajos morales de nuestro tiempo. En los siete años siguientes a la primera edición en holandés se publicaron diecinueve ediciones que fueron distribuidas en más de catorce países. J.G. Gaarlandt elaboró una selección de esas cartas que, en sus originales pasaban de mil. Las ediciones completas solo

---

1 Etty Hillesum, *El corazón pensante de los barracones. Cartas*, Barcelona, Anthropos Editorial, 2005.

se encuentran en holandés y en inglés, publicadas por la Universidad de Ottawa en 1986.[2]

Su origen era judío. Fue arrestada e internada por los nazis en el campo de Westerbork donde escribió su diario íntimo. Después, el 7 de septiembre de 1943 fue trasladada a Auschwitz donde murió, según la Cruz Roja el 30 de noviembre del mismo año. Un año antes de su muerte había conseguido un trabajo administrativo en el Consejo judío, que hubiera podido ser el modo de escapar de la deportación. Pero por su alto sentido de solidaridad con su pueblo prefirió ir a los campos de concentración. Eligió el sufrimiento solidario y valiente, alentado por sus lecturas espirituales de la Biblia, Agustín de Hipona (354-430), Fiódor Dostoyevski (1821-1881) y Rainer Maria Rilke (1875-1926).

¿Judía o cristiana? No se puede responder, aunque algunos lo hacen. Mejor decir que fue simple y suficientemente humana, aferrada, según ella a lo que permanece: el encuentro con Dios en la intimidad de la propia alma y en los demás. Para ella, todo lo que existe, sea material o espiritual, se relaciona con la vida y, por tanto, en última instancia con Dios. Estando en el campo de concentración le dijo a Dios que le indicara cómo ayudarlo. Sabía que la vida tenía sentido sin importar cuán profundo fuera el sufrimiento.

De su cofre de joyas espirituales:

"No importa, efectivamente seguir vivo a costa de los que sea,

---

2 Cf. José Ignacio Gonzáles Faus, *Etty Hillesum. Una vida interpelada*, Santander, Sal Terrae, 2008, p. 17.

sino la manera como se continua con vida. Creo que cada nueva vivencia, para bien o para mal, conlleva en sí misma la oportunidad de enriquecer a los seres humanos con perspectivas renovadas. Y si nos abandonamos a la suerte de las crudas realidades a las que debemos enfrentarnos irrevocablemente, si no les damos abrigo en nuestras cabezas y en nuestros corazones para que allí se asienten y se transformen en hechos gracias a los cuales podemos madurar y en los que sepamos hallar un sentido, entonces nuestra generación no está preparada para la vida… Sufrir no debería implicar hundirse en la desesperación total"[3]

Enseña la Biblia:

"¿Qué podrá separarnos del amor de Cristo? ¿Tribulación, angustia, persecución, hambre, desnudez, peligro, espada? Como está escrito: «Por causa de ti siempre nos llevan a la muerte, Somos contados como ovejas de matadero.»
Sin embargo, en todo esto somos más que vencedores por medio de aquel que nos amó. Por lo cual estoy seguro de que ni la muerte, ni la vida, ni los ángeles, ni los principados, ni las potestades, ni lo presente, ni lo por venir, ni lo alto, ni lo profundo, ni ninguna otra cosa creada nos podrá separar del amor que Dios nos ha mostrado en Cristo Jesús nuestro Señor."
(Romanos 8:35-39)

---

3 Ibid., p. 55, 93.

Nos preguntamos hoy:

Sufrir puede llevar a la desesperación. Y más fácilmente de lo que creemos. Etty, sabiendo que no podía huir del sufrimiento decidió enfrentarlo con fe, valor y esperanza. Aprendió así que se podía sufrir sin desesperar. Encontró sentido en el sinsentido. Preguntémonos: ¿De qué manera la fe en Dios nos permite vivir con valor y fortaleza en las situaciones más dolorosas de la vida?

Jesús es el único contenido. Al lado de Jesús no hay otro contenido. El mismo es el contenido.

DIETRICH BONHOEFFER

Harold Segura C.
2019

Dietrich Bonhoeffer

(1906 - 1945)

Dijo Dietrich:

"Jesús es el único contenido. Al lado de Jesús no hay otro contenido. Él mismo es el contenido"[1].

Semblanza personal:

El lunes 9 de abril de 1944, a las primeras horas del día y después de dirigir una ceremonia de oración para sus compañeros del campo de concentración de Flossenbürg, Dietrich Bonhoeffer fue ejecutado en la horca por orden de un tribunal militar. El médico del campo de concentración dijo que el sentenciado oró de rodillas antes de subir al lugar de su muerte y, luego, avanzó sereno y valiente. Tenía, entonces, treinta y nueve años de edad.

Estudió filosofía y teología en Tubinga y Berlín bajo la dirección de grandes maestros de la época, entre ellos el más destacado teólogo protestante del siglo XX, el suizo Karl Barth (1886-1968). Se doctoró a la edad de veintiún años con honores. Fue pastor ordenado y trabajó en iglesias alemanas de Barcelona y Londres, en la primera como pastor de las personas más jóvenes.

---

1 Dietrich Bonhoeffer, *El precio de la gracia. El seguimiento*, Salamanca, Ediciones Sígueme, 2004 (6ª edición), p.28.

Era pastor luterano y había nacido el 4 de febrero de 1906 en Breslau, Alemania. Como líder religioso y destacado teólogo participó en el movimiento de resistencia contra el nazismo. Se distanció de quienes en nombre de la iglesia y de la fe apoyaban los desenfrenos de Hitler. Se unió al movimiento protestante denominado *Iglesia Confesante* que buscaba oponerse al control nazi de las iglesias y denunciar los desvaríos del nazismo. Participó en la Asamblea que promulgó la *Declaración de Barmen*, en mayo de 1934, en la que se rechazaba la sumisión de la Iglesia al Estado y a las creencias que intentaban poner a Cristo al servicio de los intereses humanos. Bonhoeffer fue uno de los redactores de ese documento y, tiempo después, director del seminario encargado de la formación de nuevos pastores de esta Iglesia Confesante. Hizo esta labor en medio de censuras y persecuciones. El seminario fue clausurado por la Gestapo en septiembre de 1937.

Viajó fuera de Alemania para promover alianzas en contra de Hitler y el nacionalsocialismo. Se implicó en una conspiración militar clandestina para deponer a Hitler, razón por la cual fue arrestado por la Gestapo en abril de 1934, acusado de traición. Su altura teológica, su hondura espiritual y su admirable valor lo han convertido en insigne ejemplo de fe de nuestra época.

De su cofre de joyas espirituales:

"La mundanalidad de la iglesia tiene, desde luego, su frontera, que hay que tomar en serio. Esta consiste en su cristiandad. Dentro de las fronteras de la mundanalidad, la iglesia debe preocuparse por la pureza de sus miembros. Debe mantenerlos en orden. Debe poner frenos a los caprichos de los individuos. Debe velar por la pureza de su doctrina. No debe poner el servicio divino en manos de la política o de la estética. Los párrocos no han de ser moralistas, ni demagogos, ni clericales. Tal actitud no vence al mundo".[2]

Enseña la Biblia:

"Si creemos que Jesús es el Cristo, somos hijos de Dios. Ahora bien, no es posible amar al padre sin amar también al que es hijo del mismo padre. Y conocemos que estamos amando a los hijos de Dios, cuando de veras amamos a Dios cumpliendo sus mandamientos, puesto que amar a Dios consiste en cumplir sus mandamientos. No se trata, por lo demás, de preceptos insoportables, ya que los hijos de Dios están equipados para vencer al mundo. Nuestra fe, en efecto, es la que vence al mundo, pues quien cree que Jesús es el Hijo de Dios, triunfará sobre el mundo".

(1 Juan 5:1-5)

Nos preguntamos hoy:

Hay una fe que vence al mundo y hay otra que es vencida por el mundo. Hay una fe que vence con honestidad y solidaridad en el mundo de la política. Otra que es vencida (y vendida) por la política de los intereses partidistas y la corrupción disfrazada de religión. Bonhoeffer padeció esta última y la com-

---

2 Dietrich Bonhoeffer, *Creer y vivir*, Salamanca, Ediciones Sígueme, 1974, p. 82.

batió a su manera y por sus medios. Preguntémonos: ¿Cuál es la función de la iglesia ante la sociedad y cómo pueda ella practicar lo que dice Juan: ser una fe equipada "para vencer al mundo"?

Porque El profeta tiene que ser molesto a la sociedad, cuando ella no está con Dios.

ÓSCAR A. ROMERO

Harold Segura C.
2019

Óscar Arnulfo Romero

(1917 - 1980)

Dijo Romero:

"El profeta tiene que ser molesto a la sociedad, cuando la sociedad no está con Dios".[1]

Semblanza personal:

Su nombre completo: Óscar Arnulfo Romero Galdámez. Nació el 15 de agosto de 1917 en un pequeño pueblo de ciudad Barrios, del Departamento de San Miguel, en El Salvador. Murió asesinado el 24 de marzo de 1980, a la edad de sesenta y tres años. Murió víctima de un disparo cuando celebraba la misa, en el momento exacto de la consagración del pan y del vino. Su voz se había vuelto incómoda. Sus homilías habían denunciado las injusticias estructurales de su país que, entonces, vivía una guerra civil (1980-1992) en el que la Fuerza Armada de El Salvador (FAES) se enfrentó a las fuerzas insurgentes del Frente Farabundo Martí para la Liberación Nacional (FMLN). Se ha calculado que en ese enfrentamiento setenta y cinco mil personas murieron y otras desaparecieron.

---

1 Óscar Arnulfo Romero, *El mensaje del profeta*. Homilía de 14 de agosto de 1977, en: *Cartas pastorales, discursos y otros escritos. Monseñor Óscar A. Romero*, San Salvador, UCA Editores, 2017.

A la edad de trece años ingresó a un seminario menor dirigido por sacerdotes claretianos. Siete años después, entró al Seminario de San José de la Montaña, de San Salvador y después viajó a Roma para continuar sus estudios teológicos en la Pontificia Universidad Gregoriana. Estando en Roma, tuvo como profesor a Giovanni Batista Montini, conocido después como el papa Pablo VI. Fue ordenado sacerdote católico el 4 de abril de 1942, a la edad de veinticuatro años.

Al año siguiente de su ordenación regresó a El Salvador. Fue párroco en la ciudad de Anamoros, después en la catedral de San Miguel, también secretario del obispo diocesano en el mismo lugar. En 1968 asumió el cargo de secretario de la Conferencia Episcopal de El Salvador y fue consagrado obispo el 21 de junio de 1970.

El 3 de febrero de 1977, fue nombrado arzobispo de la ciudad capital de su país por el papa Pablo VI. Durante los tres cortos años como arzobispo se dio a conocer en América Latina y más allá por el valor profético con el que predicó en defensa de los derechos humanos. En sus homilías dominicales, presenciadas por una multitud reunida en la catedral y otra que las escuchaba por medio de la radio, denunciaba los asesinatos y atropellos producidos por las fuerzas militares[2]. Un día antes de su asesinato, se dirigió a los hombres del ejército, a las bases de la Guardia Nacional, de la policía y de los cuarteles con estas palabras: "En nombre de Dios, pues, y en nombre de este sufrido pueblo, cuyos

---

2 Se puede leer más acerca de Óscar Arnulfo Romero en: Harold Segura, *Más allá de la utopía. Liderazgo de servicio y espiritualidad cristiana* (3ª edición), Buenos Aires, Ediciones Kairós, pp.218-232.

lamentos suben hasta el cielo cada día más tumultuosos, les suplico, les ruego, les ordeno en nombre de Dios: ¡cese la represión!".

En 1979 fue nominado por el Parlamento del Reino Unido al Premio Nobel de la Paz, premio que ese año ganó Teresa de Calcuta.

De su cofre de joyas espirituales:

"Quienes se ríen de mí, como si yo fuera un loco creyéndome profeta, debían reflexionar. Nunca me he creído profeta en el sentido de único en el pueblo, porque sé que ustedes y yo, el Pueblo de Dios, formamos el Pueblo Profético, y mi papel únicamente es excitar en ese pueblo su sentido profético, que no lo puedo dar yo, sino que lo ha dado el Espíritu. Y cada uno de ustedes puede decir con toda verdad: «El Espíritu entró en mí desde el día del Bautismo, y me envió a la sociedad salvadoreña, al pueblo de El Salvador, que si hoy anda tan mal, es porque la misión profética ha fracasado en muchos bautizados»"[3].

Enseña la Biblia:

"No es digno de reyes, Lemuel, no es digno de reyes beber vino, ni de gobernantes consumir licores; pues, si beben, olvidan la ley y traicionan a los más humildes…Habla por el que no puede hablar, sal en defensa de los desvalidos; habla

---

3 Jon Sobrino y otros (editores), La voz de los sin voz. La palabra viva de Monseñor Romero, San Salvador, UCA Editores, 2001 (6ª edición), p. 325.

para juzgar con justicia y para defender a humildes y pobres."
(Proverbios 31:4-5,8-9)

Nos preguntamos hoy:

La función profética del Pueblo de Dios consiste en anunciar la esperanza y, al mismo tiempo denunciar la maldad que ocasiona injusticias. Romero lo hizo y creyó que no era solo una tarea de los clérigos, sino de toda la Iglesia. Preguntémonos: ¿Cómo podemos asumir con responsabilidad cristiana la tarea profética de anunciar la esperanza (en un mundo de desesperanzas) y denunciar la iniquidad (en un mundo de injusticias)?

Bibliografía consultada

ANCILLI, Ermanno. *Diccionario de espiritualidad* (Tomos I, II, III), Barcelona: Editorial Herder, 1978.

CAÑÖN Paula y SCHINDLER, Marías Eugenia (editoras). *Vidas de fuego. Grandes figuras de la historia del siglo XX*, Buenos Aires-México: Grupo Editorial Lumen, 2006

ELLSBERG, Robert. *Todos los santos. Reflexiones diarias sobre santos, profetas y testigos de nuestro tiempo*, Buenos Aires-México: Grupo Editorial Lumen, 2001

FOSTER, Richard J. y SMITH, James B. *Devocionales clásicos*, El Paso: Editorial Mundo Hispano, 2004

GIBELLINI, Rosino. *La teología del siglo XX*, Santander: Editorial Sal Terrae, 1998

GONZÁLEZ, Justo L. *Historia de la literatura cristiana antigua*, El Paso: Editorial Mundo Hispano, 2019

GONZÁLEZ, Justo L. *Historia del cristianismo. Obra completa*, El Paso: Editorial Mundo Hispano, 2009

NELSON, Wilton M. (editor). *Diccionario de historia de la iglesia*, Miami: Editorial Caribe, 1989

SANTIDRIAN, Pedro R. y ASTRUGA, María del Carmen. *Diccionario de los Santos*, Navarra: Editorial Verbo Divino, 1997

TAMAYO, Juan José. *Nuevo diccionario de teología*, Madrid: Editorial Trotta, 2005

ZOLLA, Elémire. *Los místicos de occidente I. Mundo antiguo pagano y cristiano*, Barcelona-Buenos Aires-México: Paidós, 2000

ZOLLA, Elémire. *Los Misticos de Occidente II: Misticos Medievales*, Barcelona-Buenos Aires-México: Paidós, 2000

ZOLLA, Elémire. *Los místicos de occidente III. Místicos italianos, ingleses, alemanes y flamencos de la Edad Moderna*, Barcelona-Buenos Aires-México: Paidós, 2000

Lightning Source UK Ltd.
Milton Keynes UK
UKHW011328081220
374768UK00001B/195